FIRESIDE

AN INVITATION TO
FRENCH

by MARGARITA MADRIGAL
and PIERRE LAUNAY

A Fireside Book Published by
SIMON AND SCHUSTER

Une invitation pour
parler français, pour comprendre
le français, langue riche,
poétique et musicale

INVITATION

DO YOU WANT TO SPEAK FRENCH? If so, you must learn to think in French. The new system presented in the following pages enables you to think in French from the very beginning without the use of translation. This is accomplished by the use of association, which is the greatest aid to comprehension and retention of a word. You will find that you understand the text with great ease because it has been assembled so that the meaning of each word is revealed by its relation to the other words in the sentence.

To illustrate: If you see the French word *fleur,* it probably means nothing to you. But if you read *La rose est une fleur, La violette est une fleur,* you understand immediately. This presentation of words in natural order obviates the use of translation and you will soon find that you are "thinking in French."

This new system for acquiring quickly a speaking knowledge of French is based on the visual method of learning by association. Even the study of verb conjugations—the bugbear of most languages—is made easy by simple diagrams.

If you apply yourself and master each lesson thoroughly before going on to the next, you will be surprised to find how quickly you will associate the French word with the ordinary objects surrounding your daily life.

This book is not a grammar or a textbook in the usual sense of the word, but, what its name implies, an "invitation" to speak French.

Is it possible to sit down and read a French book without any previous knowledge of the language? Yes, you will understand this book if you follow the brief instructions carefully. Success to you!

MARGARITA MADRIGAL

New York, N. Y.

ACKNOWLEDGMENTS

To Jean Autret, and to Professor Ezequías Madrigal, for his important contribution in the development of the "Natural Order System" used in this book.

TABLE OF CONTENTS

INSTRUCTIONS

1. Read each lesson through carefully before looking up words in the vocabulary. Very often, when a new word appears in the text, it can be understood immediately because of:

    (*a*) illustrations
    (*b*) its similarity to the English equivalent
    (*c*) its relation to other words in the sentence.

2. Read each lesson *aloud* several times in order to train your ear and to obtain a feeling for the language.

3. Make up sentences of your own using the words presented in the text.

Key to Pronunciation

Vowels

a — as in father, but slightly closed. *la, Canada, Marie.*

â — as in father, but drawn out. *âme, pâte, tâche, âge.*

e — as the first *e* of serene. *de, que, venir.*

é — as the *e* in vein. Separate the word *vein* into *ve-in* (ve-een). The *e* in *ve* is the French *é. été, vérité, répété.*

è — as in set, met, kept. *père, frère, très.*

ê—as in set, met, kept, but drawn out. *tête, bête,
* *même.*

i—as in *ee,* meet. *il, gris, midi.*

o open—as a sound between the *o* of *not* and the *u* of
nut. note, fort, école.

o closed—as the *o* in mow. Separate the word *mow*
into *mo-w* (mo-oo). The *o* in *mo* is the French
closed *o. rôle, rose, chose.*

u—There is no English equivalent of this French
sound. The best way to produce the sound is to
round the lips as if about to pronounce the letter
o, then, without moving the lips, say *ee. lune, une,
rue.*

y—as *ee. hypodermique, système.*

Compound vowels and diphthongs

ou — *oo* as in tool. *couleur, goût.*

ei — *ê* as in set, met. *neige, beige.*

au, eau — as the *o* in mow. Separate the word *mow* into
mo-w (mo-oo). The *o* in *mo* is the French closed
o. eau, beau, pauvre.

eu, œu — as the first *e* in serene. *peu, deux, nœud.*

oi — *wa* as in wasp. *toi, soir, noir.*

ai — French *é* or French *è* (see above), depending on
the word. *étais* (*ai* as *é*), *aime* (*ai* as *è*).

In all other cases, when vowels are together in a
word, the first vowel is pronounced quickly and the
second is stressed. Examples: *miel, oui, lui, martial.*

Nasal Vowels

m, n — at the end of a word or before a consonant are not pronounced, but, together with the preceding vowel, form a nasal vowel sound. They are divided into three groups:

Group I.

in
im
ain
aim   *an* as in thank, slightly open
ein
yn
ym
un
um
eun

Examples: mat*in*, *im*portant, m*ain*, f*aim*, dess*ein*, s*ym*pathique, chac*un*, parf*um*, j*eun*.

Group II.

am
an   as the *an* in wand, but very nasal
em
en

Examples: c*am*p, t*an*te, m*em*bre, *en*cre.

Group III.

on   *on* as in don't, but very nasal
om

Examples: p*om*pon, s*on*, s*om*bre.

Vowels do not become nasal before *double m* or *double n.*

Examples: bonne, tonne.

Consonants

gue — *ge* as in get. *guerre*
gui — *gee* as in geese. *guide*
que — *cu* as in curse. *que*
qui — *kee* as in keen. *quitter*

c — before *a, o, u* and consonants, hard sound as in car. *caravane, colonie;* before *e* or *i,* pronounced as *s* in sister. *cinéma, centime.*

ç — always pronounced as *s. garçon.*

ch — as *sh* in shut. *chat.*

g — before *a, o, u* hard sound as in go. *gâteau, goût;* before *e* or *i* as *s* in pleasure. *général.*

h — never pronounced.

j — pronounced as the *s* in pleasure. *jambe.*

l — like English *l,* as a rule. *laver;* *ille* is pronounced *eey. fille.*

p — like English p, as a rule. *papa.*

ph — pronounced *f. pharmacie.*

r — guttural *r. rose.*

s — as in sister. *rester;* when *s* appears between two vowels it is pronounced as *z. rose.*

ss — always as *s* in sister. *glisser.*

t — as in tutor, except in the combinations *tion, tial, tiel, tieux;* when it is pronounced as *s* in sister. *ambition, impartial, potentiel, ambitieux.*

th — always has the sound of *t. théâtre, thé.*

x — as in taxi, except initial *ex* followed by a vowel in which case *x* is pronounced *gz* as in exotic. *exotique.*

Silent Letters

The *e* without an accent is silent when it appears at the end of a word of more than one syllable.

Final consonants are usually silent.

Note: See *Liaison,* Grammar Section No. 15, p. 185.

AN INVITATION TO
FRENCH

PREMIÈRE LEÇON

1

FLEURS ET FRUITS

les fruits   le chat   la fleur

CONVERSATION

La rose est une fleur.
La violette est une fleur.
Une orange est un fruit.
Une banane est un fruit.

Est-ce que la rose est un fruit?
Non, la rose est une fleur.

Est-ce que la banane est une fleur?
Non, la banane est un fruit.

Note: The literal translation of *est-ce que* is "is it that." Notice that in French you cannot say, "Is the rose a flower?" You must say, "Is it that the rose is a flower?"

2

Est-ce que la violette est une fleur?
Oui, la violette est une fleur.

Est-ce que la rose est bleue?
Non, la rose est rouge.

Est-ce que le piano est un instrument de musique?
Oui, le piano est un instrument de musique.

Est-ce que le violon est une fleur?
Non, le violon est un instrument de musique.

Est-ce que le chat est une fleur?
Non, le chat est un animal.

Est-ce que le chat est un fruit?
Non, le chat est un animal.

See *Articles,* Grammar Section No. 2, p. 164.

DEUXIÈME LEÇON

2

LA FAMILLE

le père
l'homme

le bébé

la mère
la femme

CONVERSATION

La famille est un groupe de personnes.

Quelles personnes forment la famille?
Le père, la mère et les enfants forment la famille.

Quelle est la différence entre le père et la mère?
Le père est un homme; la mère est une femme.

Quelle est la relation de famille entre le père et la
   mère?
Le père est le mari et la mère est la femme.

Est-ce que le mari est un homme?
Oui, le mari est un homme.

4

Est-ce que votre père est un homme?
Oui, mon père est un homme.

Est-ce que votre mère est une femme?
Oui, ma mère est une femme.

Est-ce que le bébé est une grande personne?
Non, le bébé est un petit enfant.

Est-ce que la classe est un groupe de personnes?
Oui, la classe est un groupe de personnes.

Qui est dans la classe?
L'étudiant est dans la classe.

Est-ce que le professeur est dans la classe?
Oui, le professeur est dans la classe.

See *Gender,* Grammar Section No. 5, p. 168.

TROISIÈME LEÇON

3

LES ANIMAUX

le cheval

CONVERSATION

Est-ce que le chat est une personne?
Non, le chat est un animal.

Est-ce que le cheval est un animal?
Oui, le cheval est un animal.

Est-ce que le rat est un animal?
Oui, le rat est un animal.

Quel animal est l'ennemi mortel du rat?
Le chat est l'ennemi mortel du rat.

Êtes-vous un animal domestique?
Non, je suis une personne.

Êtes-vous le professeur?
Non, je suis un étudiant.

Êtes-vous un rat?
Oh non, je suis une personne.

l'oiseau

Êtes-vous un tigre?
Oh non, je suis une personne.

Quelle est la différence entre l'éléphant et le rat?
L'éléphant est grand; le rat est petit.

Est-ce que le canari est une personne?
Non, le canari est un oiseau.

Quelle est la différence entre la tulipe et le lion?
La tulipe est une fleur; le lion est un animal.

Quelle est la différence entre le cheval et le lion?
Le cheval est un animal domestique; le lion est un animal sauvage.

Note: *Du* (of the) is a contraction of *de* and *le*.

See *Contractions,* Grammar Section No. 10, p. 179 and *Adjectives,* Grammar Section No. 3, p. 165.

QUATRIÈME LEÇON

4

LES PARTIES DU CORPS

un	quatre
deux	cinq
trois	six

La tête est une partie du corps.

Le bras est une partie du corps.

La main est une partie du corps.

La jambe est une partie du corps.

Le pied est une partie du corps.

CONVERSATION

Qu'est-ce que la famille?
La famille est un groupe de personnes.

Qu'est-ce qu'une rose?
Une rose est une fleur.

Qu'est-ce qu'une violette?
Une violette est une fleur.

Qu'est-ce qu'une banane?
Une banane est un fruit.

Qu'est-ce qu'un piano?
Un piano est un instrument de musique.

Qu'est-ce que la tête?
La tête est une partie du corps.

Qu'est-ce que le bras?
Le bras est une partie du corps.

Qu'est-ce que la main?
La main est une partie du corps.

Est-ce que la jambe est une partie du corps?
Oui, la jambe est une partie du corps.

Est-ce que le pied est une partie du corps?
Oui, le pied est une partie du corps.

Est-ce que la violette est une partie du corps?
Non, la violette est une fleur.

Est-ce que le cheval est une partie du corps?
Non, le cheval est un animal domestique.

Est-ce que la main est un fruit?
Non, la main est une partie du corps.

Note: *Qu'est-ce que* means "What is."

See *Apostrophes*, Grammar Section No. 8, p. 171.

LE VISAGE

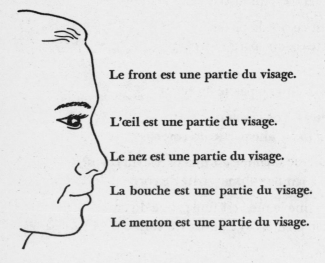

Le front est une partie du visage.

L'œil est une partie du visage.

Le nez est une partie du visage.

La bouche est une partie du visage.

Le menton est une partie du visage.

CONVERSATION

Qu'est-ce que le visage?
Le visage est une partie de la tête.

Qu'est-ce qu'un masque?
Un masque est un visage artificiel.

Est-ce que la couleur de votre visage est artificielle?
Non, la couleur de mon visage n'est pas artificielle. La
    couleur de mon visage est naturelle.

Est-ce que le nez est une fleur?

Non, le nez n'est pas une fleur. Le nez est une partie du visage.

Est-ce que la bouche est un fruit?

Non, la bouche n'est pas un fruit. La bouche est une partie du visage.

Quelle est la différence entre le masque et le visage?

Le masque est artificiel. Le visage est naturel.

le masque

Est-ce que la couleur de votre bouche est naturelle ou artificielle?

La couleur de ma bouche est naturelle.

Est-ce que l'œil est une partie de la plante?

Non, l'œil n'est pas une partie de la plante. L'œil est une partie du visage.

Quel est le pluriel de *l'œil?*

Le pluriel de *l'œil* est *yeux.*

Note: The negative "not" requires two words in French: *ne—— pas. Ne* always precedes the verb and *pas* follows it. *N'est* is a contraction of *ne est.* Thus *n'est pas* means *is not.*

See *Possessive Adjectives,* Grammar Section No. 4, p. 167.

SIXIÈME LEÇON

6

LE TEMPS

une heure   la montre   une demi-heure
soixante minutes   trente minutes

CONVERSATION

Est-ce que la montre est un animal?
Non, la montre n'est pas un animal.

Est-ce que la montre est une personne?
Non, la montre n'est pas une personne.

Est-ce que la montre est un instrument?
Oui, la montre est un instrument qui indique les divisions du temps.

Quelles divisions du temps indique la montre?
Les divisions du temps que la montre indique sont les
   heures, les minutes et les secondes.

Combien de minutes y a-t-il dans une heure?
Dans une heure il y a soixante minutes.

12

**trois-quarts d'heure
quarante cinq minutes**

**un quart d'heure
quinze minutes**

Combien de minutes y a-t-il dans une demi-heure?
Dans une demi-heure il y a trente minutes.

Combien de minutes y a-t-il dans un quart d'heure?
Dans un quart d'heure il y a quinze minutes.

Combien de minutes y a-t-il dans trois-quarts d'heure?
Dans trois-quarts d'heure il y a quarante cinq minutes.

Combien de secondes y a-t-il dans une minute?
Dans une minute il y a soixante secondes.

Summary

La montre est un instrument qui indique les heures
et les minutes.
Il y a soixante minutes dans une heure.
Dans une demi-heure il y a trente minutes.
Dans un quart d'heure il y a quinze minutes.
Dans trois-quarts d'heure il y a quarante cinq minutes.
Dans une minute il y a soixante secondes.

Note: *Y a-t-il* means *is there?* or *are there? Il y a*
means *there is* or *there are.*

LA NUIT

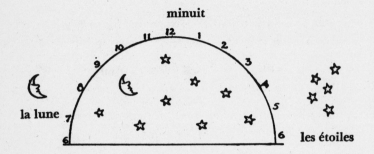

CONVERSATION

Combien d'heures y a-t-il dans la nuit?
Dans la nuit il y a douze heures.

Où est la lune?
La lune est dans le ciel.

Est-ce que la lune est dans le ciel à minuit?
Oui, la lune est dans le ciel à minuit.

Où sont les étoiles?
Les étoiles sont dans le ciel.

Combien d'étoiles y a-t-il dans le ciel?
Il y a des millions d'étoiles dans le ciel.

Est-ce que le ciel est petit?
Oh non, le ciel est immense.

14

De quelle couleur est le ciel?
Le ciel est bleu.

Est-ce que la lumière des étoiles est artificielle?
Non, la lumière des étoiles n'est pas artificielle; la
   lumière des étoiles est naturelle.

Quelle lumière est artificielle?
La lumière électrique est artificielle.

Est-ce que les étoiles sont visibles, dans le ciel, la nuit?
Oui, les étoiles sont visibles, dans le ciel, la nuit.

Est-ce que la lumière électrique est nécessaire la nuit?
Oui, la lumière électrique est nécessaire la nuit; la
   lumière de la lune n'est pas suffisante.

Est-ce que l'océan Pacifique est bleu?
Oui, l'océan Pacifique est bleu.

Est-ce que l'océan Atlantique est immense?
Oui, l'océan Atlantique est immense.

Summary

Dans la nuit il y a douze heures.
Le ciel est bleu.
L'océan est bleu.
Le ciel est immense.
L'océan est immense.
La lumière électrique est artificielle.
La lumière des étoiles est naturelle.
La lune est dans le ciel.
Les étoiles sont dans le ciel.

"bonsoir"

See *Contractions,* Grammar Section No. 10, p. 179,
and *Plurals,* Grammar Section No. 6, p. 169.

LE JOUR

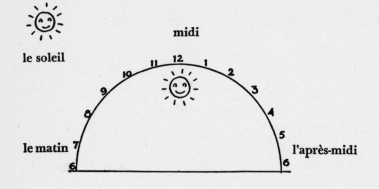

CONVERSATION

Quel est le contraire de la nuit?
Le contraire de la nuit est le jour.

Combien d'heures y a-t-il dans le jour?
Dans le jour il y a douze heures.

Est-ce que le soleil est visible, dans le ciel, la nuit?
Non, le soleil n'est pas visible, dans le ciel, la nuit.

Est-ce que le soleil est visible, dans le ciel, le jour?
Oui, le soleil est visible, dans le ciel, le jour.

Quelle est la différence entre la lumière du soleil et la lumière électrique?

La lumière du soleil est naturelle; la lumière électrique est artificielle.

Est-ce que la lumière électrique est nécessaire le jour?

Non, la lumière électrique n'est pas nécessaire; la lumière du soleil est suffisante.

Quelle est la première partie du jour?

La première partie du jour est le matin.

"bonjour"

Quelle est la seconde partie du jour?

La seconde partie du jour est l'après-midi.

Qu'est-ce que le nord?

Le nord est un point cardinal.

Qu'est-ce que le sud?

Le sud est un point cardinal.

Est-ce que l'ouest est un point cardinal?

Oui, l'ouest est un point cardinal.

Quels sont les quatre points cardinaux?

Les quatre points cardinaux sont le nord, le sud, l'ouest et l'est.

Est-ce que le soleil est à l'ouest le matin?

Non, le soleil n'est pas à l'ouest le matin.

Où est le soleil le matin?

Le soleil est à l'est le matin.

Est-ce que le soleil est à l'est l'après-midi?

Non, le soleil n'est pas à l'est l'après-midi.

Où est le soleil l'après-midi?

L'après-midi le soleil est à l'ouest.

9

(Part 1)

Present Tense—er Verbs

1. In order to form the infinitive in English we place the word *to* before the verb.

   Examples: to eat, to drink.

2. In order to form the infinitive in French we simply end the verb in *r* or *re*.

   Examples: danser (to dance)
   vendre (to sell)

3. *All* infinitives end in *r* or *re* in French.

4. There are three types of infinitives in French. These are verbs ending in *er, ir,* and *re*.

   Examples: Préparer (to prepare), finir (to finish),
   vendre (to sell)

5. Verbs are divided into two parts in French: the stem and the ending. The infinitive ending is *er, ir,* or *re*. The stem is what is left after taking away the infinitive ending.

   Examples:

Infinitive	Stem	Ending
préparer	prépar	er
finir	fin	ir
vendre	vend	re

6. The present tense is formed by adding the present tense endings to the stem.

The present tense endings for *er* verbs:

(I) je	—e	(we) nous	—ons
(you sing.) tu	—es	(you, plural) vous	—ez
(he) il	—e	(they, masc.) ils	—ent
(she) elle	—e	(they, fem.) elles	—ent

Since the stem of *danser* (to dance) is *dans,* the present tense is:

je danse	nous dansons
tu danses	vous dansez
il, elle danse	ils, elles dansent

As *il, elle* and *ils, elles* take the same verb ending, it is possible to make this simplified chart:

e	ons
es	ez
e	ent

The letters in heavy type are not pronounced.

Learn the chart well, so that you can write it by memory, without hesitation.

The importance of this chart cannot be overestimated as it is the key to the present tense of all regular *er* verbs. In other words, if you know this simple chart, you know the present tense of *all* regular *er* verbs.

It is very helpful to acquire the habit of writing out verbs in chart form and of thinking of them in this way, as other verbs used in this book are presented in the same manner.

Danser in chart form:

danse	dansons
danses	dansez
danse	dansent

7. Write out the following verbs, using the chart form:

parler	*marcher*	*penser*
(to talk)	(to walk)	(to think)

8. In English, in order to ask a question you say *Do you dance?* or *Do you walk?* In French, the interrogative is formed by inverting the word order. Example: *Dansez-vous?* (Do you dance?) or *Marchez-vous?* (Do you walk?)

9. In French there are two words that mean *you* (singular): *vous,* which is the formal or polite form, and *tu,* which is the familiar or intimate form. The familiar form *tu* is used only in family circles or with intimate friends. *You,* in the plural, is always *vous.*

NEUVIÈME LEÇON

9

(Part 2)

LES ACTIONS DU CORPS

Je pense avec la tête.

Je marche avec les pieds.
Je danse avec les pieds.

CONVERSATION

Est-ce que la tête est une partie de la plante?
Non, la tête n'est pas une partie de la plante; la tête
est une partie du corps.

Est-ce que le pied est un animal?
Non, le pied n'est pas un animal. Le pied
est une partie du corps.

Est-ce que la jambe est une partie du corps?
Oui, la jambe est une partie du corps.

Est-ce que la main est une partie du corps?
Oui, la main est une partie du corps.

Est-ce que la bouche est une fleur?
Non, la bouche est une partie de la tête.

Avec quelle partie de la tête parlez-vous?
Je parle avec la bouche.

Parlez-vous français?
Oui, je parle un peu français.

Parlez-vous anglais?
Oui, je parle parfaitement anglais.

la poire

Avec quelle partie du corps mangez-vous?
Je mange avec la bouche.

Mangez-vous des fruits?
Oui, je mange des fruits.

Mangez-vous des tomates?
Oui, je mange des tomates.

Mangez-vous des poires?
Oui, je mange des poires.

Avec quelle partie du corps pensez-vous?
Je pense avec la tête.

Pensez-vous avec les pieds?
Oh non, je ne pense pas avec les pieds, je pense avec
   la tête.

Avec quelle partie du corps marchez-vous?
Je marche avec les pieds.

Marchez-vous avec les mains?

Non, je ne marche pas avec les mains. Je marche avec
les pieds.

Avec quelle partie du corps dansez-vous?

Je danse avec les pieds.

Dansez-vous avec la tête?

Non, je pense avec la tête; je danse avec les pieds.

DIXIÈME LEÇON

10

(Part 1)

Present Tense—re Verbs

Present tense endings of *re* verbs:

je	—s	nous	—ons
tu	—s	vous	—ez
il, elle	—t	ils, elles	—ent

In chart form:

re

s	ons
s	ez
t	ent

Example:

rompre (to break)

je romps	nous rompons
tu romps	vous rompez
il, elle rompt	ils, elles rompent

Note: Verbs that end in —*andre, endre, erdre, ondre,* and *ordre* drop the *t* in the third person singular of the present tense.

Example:

vendre (to sell)

je vends	nous vendons
tu vends	vous vendez
il, elle vend	ils, elles vendent

entendre (to hear)

j'entends	nous entendons
tu entends	vous entendez
il, elle entend	ils, elles entendent

DIXIÈME LEÇON
10

(Part 2)
VENDRE ET ENTENDRE

l'oreille

CONVERSATION

Avec quoi entendez-vous la musique?
J'entends la musique avec les oreilles.

Entendez-vous la musique avec la bouche?
Non, j'entends la musique avec les oreilles.

Qu'est-ce que vous entendez au concert?
Au concert, j'entends la musique.

Entendez-vous bien?
Oui, j'entends très bien.

Est-ce que vous entendez le piano?
Non, je n'entends pas le piano.

Est-ce que la marchande de fleurs vend des pianos?
Non, la marchande de fleurs ne vend pas de pianos.

Que vend la marchande de fleurs?
La marchande de fleurs vend des fleurs.

Quelles fleurs vend-elle?
Elle vend des violettes, des roses et des tulipes.

Où vend-elle les fleurs?
Elle vend les fleurs sur les boulevards de Paris.

Vendez-vous des fleurs sur les boulevards de Paris?
Non, je ne vends pas de fleurs.

Quel est le contraire de *vendre*?
Le contraire de *vendre* est *acheter*.

Achetez-vous des fleurs à la marchande de fleurs?
Oui, j'achète des fleurs à la marchande de fleurs.

ONZIÈME LEÇON

11

PRENDRE

Prendre (to take) is an irregular verb which drops the *d* in the plural of the present tense.

Since it ends in *endre*, it also drops the *t* in the third person singular of the present tense.

Prendre:	je prends	nous prenons
	tu prends	vous prenez
	il, elle prend	ils, elles prennent

CONVERSATION

Prenez-vous des leçons de musique?
Oui, je prends des leçons de musique.

Avec qui prenez-vous des leçons de musique?
Je prends des leçons de musique avec mon professeur.

Est-ce que nous prenons l'autobus tous les jours?
Oui, nous prenons l'autobus tous les jours.

Est-ce que votre mère prend l'autobus avec vous?
Oui, elle prend l'autobus avec moi.

Est-ce que vous prenez des leçons de français?
Oui, je prends des leçons de français.

Note: *Comprendre, surprendre, reprendre,* and all other verbs that end in *prendre* take the same endings as *prendre* in all tenses.

Comprendre:

je comprends	nous comprenons
tu comprends	vous comprenez
il, elle comprend	ils, elles comprennent

Comprenez-vous le français?
Oui, je comprends le français.

Est-ce que les étudiants comprennent l ʿrançais?
Oui, les étudiants comprennent le français.

Est-ce que vous comprenez une autre langue?
Oui, je comprends une autre langue; je comprends
l'anglais.

Est-ce que l'alphabet français est différent de l'alphabet anglais?
Non, l'alphabet français n'est pas différent de l'alphabet anglais.

Qu'est-ce que l'alphabet?
L'alphabet est la liste complète des lettres.

Avec quoi formez-vous les mots?
Je forme les mots avec des lettres.

Avec quoi formez-vous les phrases?
Je forme les phrases avec des mots.

Formez-vous des phrases en anglais?
Oui, je forme des phrases en anglais.

Formez-vous des phrases en français?
Oui, en classe je forme des phrases en français. Je
prends des leçons de français.

DOUZIÈME LEÇON

12

LA LIMONADE

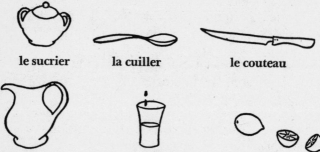

le sucrier   la cuiller   le couteau

la carafe   le verre   le citron

CONVERSATION

Qu'est-ce qu'une orangeade?
Une orangeade est du jus d'orange, avec un peu d'eau
   et un peu de sucre.

De quelle couleur est l'eau?
L'eau est transparente.

Qu'est-ce qu'une orange?
Une orange est un fruit.

Qu'est-ce que le jus de l'orange?
Le jus est la partie liquide du fruit.

Avec quoi coupez-vous l'orange en deux?
Je coupe l'orange en deux avec un couteau.

Qu'est-ce qu'une limonade?
Une limonade est du jus de citron, avec de l'eau et du
  sucre.

Qu'est-ce qu'un citron?
Un citron est un fruit acide.

Est-ce que vous coupez le citron avec un couteau?
Oui, je coupe le citron avec un couteau.

Où est la limonade?
La limonade est dans le verre.

Est-ce qu'il y a de la limonade dans la carafe?
Oui, il y a de la limonade dans la carafe.

Où est la carafe?
La carafe est sur la table.

Où est le sucre?
Le sucre est dans le sucrier.

Est-ce que les bonbons sont sucrés?
Oui, les bonbons sont sucrés.

Est-ce que le citron est sucré?
Non, le citron n'est pas sucré. Le citron est acide.

Avec quelle partie du corps prenez-vous les objets?
Je prends les objets avec les mains.

Prenez-vous les objets avec vos pieds?
Non, je prends les objets avec les mains.

Avec quoi prenez-vous la cuiller?
Je prends la cuiller avec les mains.

Prenez-vous le sucre avec vos mains?
Non, je prends le sucre avec une cuiller.

Fill in chart:

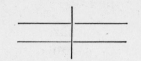

Couper (to cut) regular *er* verb

TREIZIÈME LEÇON

13

BOIRE ET MANGER

la poule

la vache

Boire (to drink)

je bois	nous buvons
tu bois	vous buvez
il, elle boit	ils, elles boivent

Donner (to give) regular verb

je donne	nous donnons
tu donnes	vous donnez
il, elle donne	ils, elles donnent

CONVERSATION

Mangez-vous les liquides?
Non, je bois les liquides et je mange les solides.

Mangez-vous la limonade?
Non, je ne mange pas la limonade; je bois la limonade.

Buvez-vous du café le matin?
Oui, je bois du café le matin.

Qu'est-ce que le matin?
Le matin est la première partie du jour.

Quels liquides buvez-vous?
Je bois de la limonade, de l'eau, du café, du thé, du
chocolat et du lait.

Qu'est-ce que le lait?
Le lait est un liquide.

Quel animal donne du lait?
La vache donne du lait.

Quelle est la couleur du lait?
Le lait est blanc.

Quel liquide boivent les animaux?
Les animaux boivent de l'eau.

Est-ce que les chats boivent du café?
Non, les chats ne boivent pas de café; ils boivent du
lait.

Qu'est-ce que les chats mangent?
Les chats mangent les rats. Les chats sont des car-
nivores.

Qu'est-ce qu'un animal carnivore?
Un animal carnivore est un animal qui mange de la
viande.

De quelle couleur est la viande?
La viande est rouge.

Mangez-vous de la viande?
Oui, je mange de la viande.

Que donne la vache?
La vache donne du lait.

Quelles personnes boivent du lait?
Tout le monde (toutes les personnes) boit du lait.

Est-ce que le lait est indispensable?
Oui, le lait est indispensable pour les bébés.

Est-ce que la vache boit du lait?
Non, la vache ne boit pas de lait; la vache boit de l'eau.

Qu'est-ce que le fromage?
Le fromage est un produit du lait.

Quel animal mange le fromage?
Le rat mange le fromage.

Quelle est la couleur du fromage?
En général le fromage est jaune.

Est-ce que la banane est jaune?
Oui, la banane est jaune.

Quel autre produit du lait est jaune?
Le beurre est jaune.

Est-ce que le beurre est solide?
Oui, le beurre est solide quand il est dans la glacière.

Que donne la poule?
La poule donne des œufs.

Quelle est la couleur des œufs?
Les œufs sont blancs.

Mangez-vous des œufs?
Oui, je mange un œuf tous les matins.

Mangez-vous des œufs tous les soirs?
Non, je ne mange pas d'œufs tous les soirs

Present Tense—ir Verbs

Present tense endings for *ir* verbs:

je	— is	nous	— issons
tu	— is	vous	— issez
il, elle	— it	ils, elles	— issent

Finir (to finish)

Since the stem of *finir* is *fin,* the present tense is:

je finis	nous finissons
tu finis	vous finissez
il, elle finit	ils, elles finissent

Present Tense

er		re		ir	
e	ons	s	ons	is	issons
es	ez	s	ez	is	issez
e	ent	t	ent	it	issent

Note that the plurals of *er, re,* and *ir* verbs are alike with one exception: the *ir* endings are preceded by *iss.*

CONVERSATION

À quelle heure prenez-vous votre leçon de musique?
Je prends ma leçon de musique à quatre heures.

À quelle heure finissez-vous votre leçon de musique?
Je finis ma leçon de musique à cinq heures.

Finissez-vous votre leçon de musique à huit heures?
Non, je finis ma leçon de musique à cinq heures.

À quelle heure finissez-vous votre dîner?
Nous finissons le dîner à sept heures.

À quelle heure est-ce que les enfants finissent le dîner?
Les enfants finissent le dîner à six heures.

À quelle heure mangez-vous le matin?
Je mange à huit heures du matin.

Que mangez-vous le matin?
Je mange des fruits et je prends du café.

Qui prépare votre café?
Ma mère prépare mon café.

le chien

Parlez-vous à votre mère pendant que vous mangez?
Oui, je parle à ma mère pendant que je mange.

Dansez-vous le matin?
Non, je ne danse pas le matin; je danse le soir.

Marchez-vous beaucoup?
Oui, je marche beaucoup.

Aimez-vous marcher?
Oui, j'aime marcher dans le parc.

Aimez-vous prendre votre chien avec vous?
Oui, j'aime prendre mon chien au parc.

Que mange votre chien?
Mon chien mange de la viande.

37

Est-ce que votre chien vous obéit?
Oui, mon chien m'obéit.

Comprenez-vous bien cette leçon?
Oui, je comprends bien cette leçon.

Fill in the following charts:

parler (to speak)	*acheter* (to buy)	*penser* (to think)

marcher (to walk)	*prendre* (to take)	*vendre* (to sell)

comprendre (to understand)	*préparer* (to prepare)	*finir* (to finish)

obéir (to obey)	*aimer* (to like, love)	

Write one sentence with each person of the above verbs.

QUINZIÈME LEÇON
15

LA MAISON

Le bébé dort la nuit.

CONVERSATION

Qu'est-ce qu'une chambre?
La chambre est une partie de la maison.

Dans quelle chambre mangez-vous?
Je mange dans la salle à manger.

Dans quelle chambre recevez-vous les invités?
Je reçois les invités dans le salon.

Dans quelle chambre est le piano?
Le piano est dans le salon.

Qui est la cuisinière?
La cuisinière est la femme qui prépare le dîner.

Où est-ce que la cuisinière prépare le dîner?
La cuisinière prépare le dîner à la cuisine.

Que prépare la cuisinière?
La cuisinière prépare la viande. la salade, les fruits,
etc.

Dans quelle chambre vous baignez-vous?
Je me baigne dans la salle de bain.

Est-ce que vous vous baignez sur une table?
Non, je ne me baigne pas sur une table; je me baigne
dans une baignoire.

Avec quoi vous baignez-vous?
Je me baigne avec de l'eau et du savon.

Dans quelle chambre dormez-vous?
Je dors dans la chambre à coucher.

Dormez-vous dans un lit or sur un sofa?
Je dors dans un lit.

Dans quelle chambre est le téléphone?
Le téléphone est dans la chambre à coucher.

Habitez-vous l'hôtel?
Non, je n'habite pas l'hôtel; j'habite à la maison.

Vivez-vous seul?
Non, je vis avec ma famille.

Dans quelle maison habite le Président des États-
Unis?
Le Président des États-Unis habite la Maison Blanche.

The verb *dormir* is irregular.

Dormir (to sleep)

je dors	nous dormons
tu dors	vous dormez
il, elle dort	ils, elles dorment

The verb *vivre* is irregular because it drops the second *v* in the singular.

Vivre (to live)

je vis	nous vivons
tu vis	vous vivez
il, elle vit	ils, elles vivent

Note: for conjugation of *reçois*, see Grammar Section No. 9, p. 173. See *Reflexive Verbs*, Grammar Section No. 7, p. 170.

SEIZIÈME LEÇON
16

LES REPAS

une tasse de café

CONVERSATION

Combien de fois mangez-vous par jour?
Je mange trois fois par jour—le matin, à midi et le soir.

Quel est le premier repas du jour?
Le premier repas du jour est le petit déjeuner.

Quand prenez-vous le petit déjeuner?
Je prends le petit déjeuner le matin.

Quel repas prenez-vous à midi?
À midi, je prends le déjeuner.

Est-ce qu'aux États-Unis le déjeuner est le repas le
    plus important du jour?
Non, le repas le plus important du jour est le dîner.

Quand prenez-vous le dîner?
Je prends le dîner le soir.

Que signifie le verbe *prendre* dans ce cas?
Dans ce cas, le verbe *prendre* signifie *boire* ou
    manger.

Est-ce qu'en France, le déjeuner est plus important que le dîner?

Oui, le déjeuner est le repas le plus important du jour.

Est-ce qu'aux États-Unis le petit déjeuner est plus abondant qu'en France?

Oui, aux États-Unis le petit déjeuner est plus abondant qu'en France.

Que prenez-vous pour le petit déjeuner?

Je prends du jus d'orange, des œufs, du jambon, du pain grillé et du beurre et une tasse de café.

Prenez-vous de la crème et du sucre dans votre café?

Oui, je prends de la crème et du sucre dans mon café. Certaines personnes préfèrent le café noir.

Qu'est-ce que le café noir?

Le café noir, c'est du café sans crème.

Est-ce que les enfants prennent du café noir?

Non, les enfants ne prennent pas de café noir.

Est-ce que les enfants prennent du lait?

Oui, les enfants prennent du lait.

Qu'est-ce que le café nature?

Le café nature, c'est du café sans crème et sans sucre.

Que signifie le mot *sans?*

Sans signifie le contraire de *avec.*

Aimez-vous le pain grillé?

Oui, le pain grillé est délicieux.

Quels sont les trois repas du jour?

Les trois repas du jour sont le petit déjeuner, le déjeuner et le dîner.

LES PARTIES DE LA TÊTE

Je vois avec les yeux.

Je sens avec le nez.

⎧ Je parle avec la bouche.
⎨ Je mange avec la bouche.
⎩ Je bois avec la bouche.

CONVERSATION

Qu'est-ce que la bouche?
La bouche est une partie de la tête.

Est-ce que le nez est une partie de la tête?
Oui, le nez est une partie de la tête.

Qu'est-ce qu'un œil?
L'œil est une partie de la tête.

Quel est le pluriel de *œil*?
Le pluriel de *œil* est *yeux*. Un œil, deux yeux.

Quelles sont les autres parties de la tête?
Les autres parties de la tête sont les oreilles, le front
et le menton.

À quoi sert la bouche?
La bouche sert à parler et à manger.

À quoi servent les oreilles?
Les oreilles servent à entendre.

À quoi sert le nez?
Le nez sert à sentir.

Sentez-vous le parfum des roses avec votre nez?
Oui, je sens le parfum des roses avec mon nez.

À quoi servent les yeux?
Les yeux servent à voir.

Est-ce que **vous voyez** les couleurs et les formes avec
vos yeux?
Oui, je vois les couleurs et les formes avec mes yeux.

Est-ce que le verbe *voir* est un verbe régulier?
Non, le verbe *voir* est un verbe irrégulier.

Voir (to see)

je vois	nous voyons
tu vois	vous voyez
il voit	ils voient

Je vois la rose dans le jardin.
Tu vois la maison du Président.
Il voit la chaise dans le salon.
Nous voyons le lit dans la chambre.
Vous voyez la lune dans le ciel.
Ils voient le couteau sur le table.

Avec quelle partie du corps voyez-vous?
Je vois avec les yeux.

Qui voyez-vous dans la classe?
Je vois les étudiants dans la classe.

Qu'est-ce que votre mère voit dans le jardin?
Ma mère voit des fleurs dans le jardin.

Qu'est-ce que nous voyons au cinéma?
Au cinéma, nous voyons des films.

Est-ce que les étudiants voient le professeur tous les
   jours?
Oui, les étudiants voient le professeur tous les jours.

Sentir (to smell)

je sens	nous sentons
tu sens	vous sentez
il sent	ils sentent

DÉJEUNER ET DÎNER

la table

CONVERSATION

Quel repas prenez-vous à midi?
À midi, je prends le déjeuner.

Est-ce que le déjeuner est le repas le plus important
   du jour?
Non, le déjeuner n'est pas le repas le plus important
   du jour parce que la famille n'est pas à la maison
   à midi.

Où est le père de la famille à midi?
À midi le père est au bureau.

Où sont les enfants à midi?
À midi, les enfants sont à l'école.

la chaise

Où est la mère à midi?
La mère est à la maison.

Prenez-vous le déjeuner à la maison?
Non, je ne prends pas le déjeuner à la maison. Je
    prends le déjeuner au restaurant.

Que prenez-vous pour le déjeuner?
Pour le déjeuner, je prends de la salade, de la viande,
    du pain, un verre de lait ou une tasse de thé.

Avec quoi coupez-vous la viande?
Je coupe la viande avec un couteau.

Prenez-vous la viande avec vos mains?
Non, je prends la viande avec une fourchette.

Avec quoi prenez-vous la salade?
Je prends la salade avec une fourchette.

Prenez-vous le sucre avec une fourchette?
Non, je prends le sucre avec une cuiller.

Qu'est qu'il y a sur la table?
Sur la table il y a une nappe blanche.

Dans quoi est le lait?
Le lait est dans le verre.

Dans quoi est la salade?
La salade est dans l'assiette.

Que prenez-vous pour le dîner?
Pour le dîner, je prends un steak grillé, des pommes
    de terre frites ou de la purée de pommes de terre,
    des épinards, de la salade, du pain et du beurre, un
    dessert et une tasse de café.

Sur quoi vous asseyez-vous?
Je m'assois sur une chaise.

S'asseoir (to sit down)

je m'assois	nous nous asseyons
tu t'assois	vous vous asseyez
il s'assoit	ils s'assoient

DIX-NEUVIÈME LEÇON

19

LES ACTIONS DES JAMBES

je marche   je cours   je saute

le canard   le lièvre   le poisson

CONVERSATION

À quoi servent les jambes et les pieds?
Les jambes et les pieds servent à marcher, à courir et
   à sauter.

Que signifie *vite*?
Vite signifie *rapidement*.

Est-ce que vous courez vite?
Oui, je cours vite.

Quel est le contraire de *vite*?
Le contraire de *vite* est *lentement*.

Marchez-vous lentement?
Oui, je marche lentement.

Quand marchez-vous vite?
Je marche vite quand je suis pressé.

Êtes-vous pressé?
Oui, je suis pressé.

Quel animal marche très lentement?
La tortue marche très lentement.

Quel animal court très vite?
Le lièvre court très vite.

Est-ce que le lièvre court plus vite que la tortue?
Oui, le lièvre court plus vite que la tortue.

Est-ce que la grenouille court?
Non, la grenouille ne court pas; la grenouille saute.

Est-ce que les animaux dansent?
Non, les animaux ne dansent pas; les animaux march-
ent et courent, et certains animaux sautent.

Est-ce que les poissons courent?
Non, les poissons ne courent pas; les poissons nagent

Est-ce que vous nagez?
Oui, je nage très bien.

Est-ce que tout le monde nage?
Non, il y a des personnes qui ne nagent pas.

Est-ce que c'est naturel de nager?

C'est naturel pour les poissons, mais pas pour les personnes. Les personnes apprennent à nager.

Qu'est-ce que l'élève (l'étudiant) apprend à l'école?

L'élève apprend de nouveaux mots en classe.

Est-ce que les canards apprennent à nager?

Non, pour les canards, nager est naturel.

Mangez-vous du canard?

Oui, j'aime le canard.

Mangez-vous du poisson?

Oui, je mange du poisson.

Courir (to run)

je cours	nous courons
tu cours	vous courez
il, elle court	ils, elles courent

Nager (to swim)

je nage	nous nageons
tu nages	vous nagez
il, elle nage	ils, elles nagent

Apprendre (to learn)

j'apprends	nous apprenons
tu apprends	vous apprenez
il, elle apprend	ils, elles apprennent

VINGTIÈME LEÇON
20

AVOIR ET ÊTRE

Avoir—(to have)

j'ai	nous avons
tu as	vous avez
il a	ils ont

J'ai un petit chat noir.
Tu as une maison à la campagne.
Il a une bicyclette rouge.
Nous avons un beau jardin.
Vous avez une petite montre.
Ils ont un canari.

CONVERSATION

Est-ce que le verbe *avoir* est régulier?
Non, le verbe *avoir* est irrégulier.

Avez-vous un phonographe à la maison?
Oui, j'ai un phonographe.

Avez-vous beaucoup de disques pour votre phonographe?
Non, je n'ai pas beaucoup de disques pour mon
phonographe.

53

Est-ce que votre père a une montre?
Oui, mon père a une montre.

Est-ce que nous avons beaucoup d'étudiants dans la
    classe?
Oui, nous avons beaucoup d'étudiants dans la classe.

Être (to be)

je suis	nous sommes
tu es	vous êtes
il est	ils sont

Je suis un élève.
Tu es un docteur.
Il est à Cuba avec sa mère.
Nous sommes à la maison.
Vous êtes des petits enfants.
Ils sont très intelligents.

Est-ce que le verbe *être* est régulier?
Non, le verbe *être* est irrégulier.

Êtes-vous Français?
Non, je suis Américain.

Est-ce que votre mère est Américaine?
Non, ma mère est Russe.

Est-ce que votre père est Russe?
Non, mon père est Américain.

Êtes-vous fatigués ce soir?
Oui, nous sommes très fatigués ce soir.

54

Several idiomatic expressions which are formed
with *Avoir*:

J'ai faim.	I'm hungry.
J'ai soif.	I'm thirsty.
J'ai sommeil.	I'm sleepy.
J'ai froid.	I'm cold.
J'ai chaud.	I'm warm.
J'ai mal à la tête.	I've got a headache.
J'ai mal aux dents.	I've got a toothache.

LA VILLE

le livre

CONVERSATION

Qu'est-ce que Chicago?
Chicago est une ville.

Est-ce que Londres est une ville?
Oui, Londres est la capitale de l'Angleterre.

Quelle est la capitale des États-Unis?
Washington est la capitale des Etats-Unis.

Est-ce que Paris est une ville?
Oui, Paris est la première ville de France. C'est la
capitale de la France.

Est-ce que Broadway est une rue de Paris?
Non, Broadway est une rue importante de New York.

Pourquoi est-ce que Broadway est une rue importante?
Broadway est une rue importante parce que c'est la
rue des théâtres.

Est-ce que la Cinquième Avenue (5th Avenue) à New
   York est la rue des théâtres?
Non, la Cinquième Avenue est la rue des modes.

Quels sont les édifices importants d'une ville?
Les édifices importants sont les musées, les banques,
   les bibliothèques, les écoles, les églises, les hôpitaux,
   les théâtres, les hôtels et les prisons.

Quel genre de personnes y a-t-il dans la prison?
Dans la prison, il y a des criminels et des bandits.

Êtes-vous un bandit?
Non, je ne suis pas un bandit.

Qu'est-ce qu'il y a dans une bibliothèque?
Dans une bibliothèque, il y a des livres à l'usage du
   public.

Y a-t-il beaucoup d'écoles à Paris?
Oui, à Paris, il y a beaucoup d'écoles.

Quelle est l'université la plus importante de France?
L'université la plus importante de France est l'Université de Paris.

Est-ce que Paris est une belle ville?
Oui, Paris est une très belle ville.

Y a-t-il beaucoup de parcs à Paris?
Oui, il y a de très beaux parcs dans Paris.

Est-ce qu'il y a des arbres le long des boulevards?
Oui, il y a des arbres le long des boulevards.

Est-ce que Paris est une ville romantique?
Oui, Paris est une ville très romantique.

Quel est le plus grand musée de Paris?
Le plus grand musée de Paris est le Musée du Louvre.

Quelle est la plus célèbre église de Paris?
La plus célèbre église de Paris est Notre-Dame.

Quelle est la plus belle avenue de Paris?
La plus belle avenue de Paris est l'Avenue des Champs-Elysées.

Quel est le plus célèbre théâtre de Paris?
Le plus célèbre théâtre de Paris est la Comédie-Française.

VINGT-DEUXIÈME LEÇON

22

ALLER

le train

CONVERSATION

Préférez-vous voyager en train, en automobile ou en
   avion?
Je préfère voyager en train. Je crois que le train est
   plus confortable que l'auto ou l'avion.

Qu'est-ce qu'un voyageur?
Un voyageur est une personne qui voyage.

Aimez-vous voyager?
Oui, j'aime voyager, surtout en France.

Est-ce que le train est plus grand que l'auto?
Oui, le train est beaucoup plus grand que l'auto.

Sur quelle partie de la rue marchez-vous?
Je marche sur le trottoir.

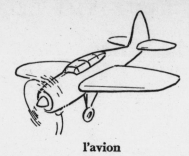

l'avion

Combien de trottoirs y a-t-il dans une rue?

Dans une rue, il y a deux trottoirs; le trottoir de droite
et le trottoir de gauche.

Est-ce que le cœur est du côté droit ou du côté gauche
de votre corps?

Mon cœur est du côté gauche de mon corps.

À quoi sert l'agent de police?

L'agent de police sert à maintenir l'ordre dans la rue.

Aller (to go)

je vais	nous allons
tu vas	vous allez
il va	ils vont

Pourquoi allez-vous au théâtre?

Je vais au théâtre pour voir des comédies, des drames
et des opéras.

Quelle est la distraction la plus populaire dans une
grande ville?

Le cinéma est la distraction la plus populaire dans une
grande ville.

Allez-vous souvent au cinéma?
Oui, je vais souvent au cinéma.

Préférez-vous les films courts ou les films longs?
Je préfère les films longs.

Avez-vous un film dans votre appareil photographique?
Oui, j'ai un film dans mon appareil photographique.

Aller est un verbe irrégulier.
Je vais au théâtre avec ma mère.
Tu vas souvent à l'opéra.
Il va souvent en France.
Nous allons à la campagne.
Vous allez aux concerts symphoniques.
Ils vont au cinéma.

NOTE: The present tense of the verb *aller* (to go)
plus an infinitive expresses the future. In English, we
often say, "I am going to dance," instead of, "I shall
dance." In French we express the future in the same
way by saying, "Je vais danser" (I am going to dance).

Examples: Je vais finir ma leçon.
I am going to finish my lesson.

Il va vendre la maison.
He is going to sell the house.

Nous allons danser ce soir.
We are going to dance tonight.

Vous allez marcher dans le parc.
You are going to walk in the park.

Est-ce que vous allez voir le Président?
Non, je ne vais pas voir le Président.

Est-ce que vous allez parler à ma mère?
Oui, je vais parler à votre mère.

Est-ce que vous allez danser?
Oui, je vais danser ce soir.

Est-ce que vous allez manger au restaurant?
Oui, je vais manger au restaurant.

Allez-vous manger avec votre mère?
Oui, je vais manger avec ma mère.

Write ten sentences using *aller* to express the future.
See *Future,* Grammar Section No. 12, p. 181.

LA LETTRE

la lettre   l'enveloppe

Écrire (to write)

j'écris	nous écrivons
tu écris	vous écrivez
il écrit	ils écrivent

CONVERSATION

Qui était Shakespeare?
Shakespeare était un auteur.

Qu'est-ce qu'un auteur?
Un auteur est une personne qui écrit des livres, des articles et des poèmes.

Écrivez-vous des livres?
Non, je n'écris pas de livres.

Qu'est-ce que vous écrivez?
J'écris des lettres.

Sur quoi écrivez-vous?
J'écris des lettres sur du papier.

Avec quoi écrivez-vous des lettres?
J'écris des lettres avec une plume.

Quel liquide sert à écrire?
L'encre sert à écrire.

Écrivez-vous vos lettres personelles à la machine à
    écrire?
Non, généralement j'écris mes lettres personelles à
    la main.

Qui écrit des lettres à la machine à écrire?
La secrétaire écrit des lettres à la machine à écrire.

Écrivez-vous la leçon à la plume?
Non, généralement j'écris la leçon au crayon.

Pourquoi écrivez-vous la leçon au crayon.
J'écris la leçon au crayon parce que c'est plus facile
    d'écrire avec un crayon qu'avec une plume, mais
    j'écris mes lettres à la plume.

Qu'est-ce que vous écrivez sur l'enveloppe?
Sur l'enveloppe, j'écris l'adresse.

Qu'est-ce que l'adresse?
L'adresse est le nom de la personne, le numéro de la
    maison, le nom de la rue, le nom de la ville et le
    nom de l'état où la personne habite.

Que mettez-vous sur l'enveloppe?
Sur l'enveloppe je mets un timbre à trois cents.

Où mettez-vous la lettre?
Je mets la lettre à la boîte aux lettres.

Est-ce que la boîte aux lettres est dans votre maison?
Non, la boîte aux lettres est au coin de la rue.

Qu'est-ce qu'un coin de rue?
Un coin de rue est le point d'intersection de deux rues.

Qui prend les lettres de la boîte aux lettres?
Le facteur prend les lettres de la boîte aux lettres.

Est-ce que le facteur est un homme?
Oui, le facteur est un homme.

Où est-ce que le facteur apporte les lettres?
Le facteur apporte les lettres à la poste.

Qu'est-ce que la poste?
La poste est le service public pour le transport et la distribution du courrier.
La poste est le bureau où le courrier est reçu et distribué. Dans ce cas, *la poste* est l'abréviation de *Bureau de poste*.

Mettre (to put)

je mets	nous mettons
tu mets	vous mettez
il met	ils mettent

Apporter (to bring)

j'apporte	nous apportons
tu apportes	vous apportez
il apporte	ils apportent

FAIRE

Faire (to do or to make)

je fais	nous faisons
tu fais	vous faites
il fait	ils font

CONVERSATION

Que faites-vous avec un crayon?
J'écris avec un crayon.

Que faites-vous avec une plume?
J'écris avec une plume.

Que faites-vous avec le couteau?
Je coupe la viande avec le couteau.

Que faites-vous la nuit?
Je dors la nuit.

Que faites-vous le jour?
Je vais à l'école le jour.

Que fait votre père le jour?
Le jour, mon père va au bureau.

Que faites-vous avec la fourchette?
Je mange avec la fourchette.

Que faites-vous avec la cuiller?
Je prends le sucre avec la cuiller.

Que faites-vous dans la salle à manger?
Je mange dans la salle à manger.

Que faites-vous dans la cuisine?
Je prépare les repas dans la cuisine.

Que faites-vous dans le salon?
Je reçois des invités dans le salon.

Que faites-vous dans la salle de bain?
Je me baigne dans la salle de bain.

Qui fait la limonade?
La cuisinière fait la limonade.

Où faites-vous le chocolat?
Je fais le chocolat dans la cuisine.

Est-ce que vous faites du pain grillé tous les jours?
Oui, je fais du pain grillé tous les jours pour le petit
déjeuner.

Qui fait de la photographie?
Le photographe fait de la photographie.

Est-ce que nous faisons de la photographie en classe?
Non, nous ne faisons pas de photographie en classe.
Ce n'est pas une classe de photographie, c'est une
classe de français.

Est-ce que vous faites du cinéma?
Non, je ne fais pas de cinéma. Les artistes font du
cinéma.

67

Idiomatic expressions with *faire*:

Il fait froid.	It is cold.
Il fait chaud.	It is hot.
Il fait beau.	It is a nice day.
Il fait mauvais.	The weather is bad.

VINGT-CINQUIÈME LEÇON

25

AGRICULTURE

la pomme   la pêche   le singe   l'ananas

CONVERSATION

Qu'est-ce qu'un fermier?
Un fermier est un homme qui cultive la terre.

Que cultive un fermier?
Un fermier cultive des fruits, des céréales et des
    légumes.

Quels fruits cultive le fermier?
Le fermier cultive des pêches, des oranges, des
    bananes, des ananas, des melons, des pommes, des
    raisins, etc.

Quel animal mange des bananes?
Le singe mange des bananes.

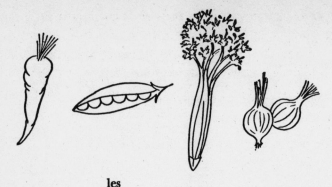

| la carotte | les petits pois | le céleri | les oignons |

Quelles céréales cultive le fermier?
Le fermier cultive du maïs, du riz, du blé et de l'avoine.

Quelle céréale sert à faire le pain?
Le blé est la céréale qui sert à faire le pain.

Mangez-vous des céréales?
Oui, je mange des céréales. Je mange du maïs, du riz et d'autres céréales.

Où est-ce que le fermier plante les graines?
Le fermier plante les graines dans la terre.

Plantez-vous des fleurs dans votre jardin?
Oui, dans mon jardin, je plante beaucoup de fleurs et mon jardin est très joli.

Est-ce que vous cultivez aussi des légumes dans votre jardin?
Oui, dans mon jardin, je cultive aussi des légumes.

Quels légumes cultivez-vous dans votre jardin?

Je cultive des tomates, des radis, des laitues, des carottes, des petits pois, des oignons, des épinards, du céleri et beaucoup de pommes de terre.

De quelle couleur sont les tomates?

Les tomates sont rouges.

De quelle couleur est la laitue?

La laitue est verte.

Est-ce que les radis sont verts?

Non, les radis sont rouges.

Est-ce que vous mangez les radis avec du sucre ou du sel?

Je mange les radis avec du sel.

Aimez-vous les oignons?

Oui, j'aime les oignons.

Qu'est-ce qui est nécessaire à la vie d'une plante?

Du soleil et de l'eau sont nécessaires à la vie d'une plante.

Qu'est-ce qui est nécessaire à la vie d'une personne?

Du soleil, de l'eau, des vitamines et beaucoup de calories sont nécessaires à la vie d'une personne.

Est-ce que les calories produisent de l'énergie?

Oui, les calories produisent de l'énergie.

Que produit un excès de calories?

Un excès de calories produit l'obésité.

Quel autre mot signifie *obèse?*

Gros signifie *obèse.*

Quel est le contraire de *gros?*
Le contraire de *gros* est *maigre.*

Êtes-vous gros?
Non, je ne suis pas gros.

	Comparatif	*Superlatif*
gros	plus gros	le plus gros
beau	plus beau	le plus beau
belle	plus belle	la plus belle

Note: When you use the comparative, put *que* after the adjective.

Example: Ma mère est plus grosse que mon père.
Mon père est le plus grand de la famille.

LES VÊTEMENTS

le chapeau

la chemise

les bas

les gants

la cravate

la chaussure

CONVERSATION

Qu'est-ce que vous mettez sur votre tête?
Je mets un chapeau sur ma tête.

À quoi sert le chapeau?
Le chapeau sert à la protection de la tête
   contre le soleil.

le col

Qu'est-ce que vous mettez aux mains?
Je mets des gants aux mains.

Est-ce qu'il y a un col sur les chemises d'hommes?
Oui, il y a un col sur les chemises d'hommes.

Qu'est-ce que vous mettez aux pieds?
Je mets des chaussures et des bas aux pieds.

Est-ce qu'un homme porte des bas?
Non, un homme ne porte pas de bas; il porte des chaussettes.

Quelle est la différence entre des chaussettes et des bas?
Les bas sont longs; les chaussettes sont courtes.

Qui porte des bas?
Les femmes portent des bas.

Qui porte des chaussettes?
Les hommes portent des chaussettes.

Qu'est-ce que les bas, les gants, les pantalons, etc.?
Les bas, les gants, les pantalons sont des vêtements.

Est-ce que les oiseaux ont des vêtements?
Non, les oiseaux n'ont pas de vêtements, les oiseaux ont des plumes.

Quelles sont les trois pièces du costume d'un homme?
Les trois pièces du costume d'un homme sont le pantalon, le gilet et la veste.

la veste   le gilet   le pantalon

Que mettez-vous quand vous vous promenez en hiver?

Quand je me promène en hiver, je mets un pardessus.

Est-ce que les jupes et les blouses sont portées par les hommes?

Non, les jupes et les blouses sont portées par les femmes.

Est-ce que votre mère porte une blouse et une jupe?

Quelquefois elle porte une robe et quelquefois elle porte une jupe et une blouse.

De quelle couleur sont les robes de femmes?

Les robes de femmes sont de toutes les couleurs.

Quand portez-vous un imperméable?

Je porte un imperméable quand je me promène sous la pluie.

Est-ce que vous avez un parapluie?

Oui, j'ai un parapluie.

Est-ce que vous prenez votre parapluie quand le temps est beau?

Non, je ne prends pas mon parapluie quand le temps est beau.

75

Que porte un homme quand il va a un bal?
Quand un homme va a un bal il porte un habit.

la jupe

le parapluie

la robe

Porter (to wear)

Je porte un imperméable quand il pleut.
Tu portes un habit quand tu vas au bal.
La femme porte une jolie robe.
Nous portons des chaussures noires.
Vous portez des bas de soie.
Ils portent des chaussettes bleues.

Mettre (to put on)

je mets	nous mettons
tu mets	vous mettez
il met	ils mettent

VINGT-SEPTIÈME LEÇON

27

LES NOMBRES

1	un	23	vingt-trois
2	deux	24	vingt-quatre
3	trois	25	vingt-cinq
4	quatre	26	vingt-six
5	cinq	27	vingt-sept
6	six	28	vingt-huit
7	sept	29	vingt-neuf
8	huit	30	trente
9	neuf	31	trente et un
10	dix	40	quarante
11	onze	41	quarante et un
12	douze	50	cinquante
13	treize	51	cinquante et un
14	quatorze	60	soixante
15	quinze	61	soixante et un
16	seize	70	soixante-dix
17	dix-sept	71	soixante et onze
18	dix-huit	72	soixante-douze
19	dix-neuf	73	soixante-treize
20	vingt	74	soixante-quatorze
21	vingt et un	75	soixante-quinze
22	vingt-deux	76	soixante-seize

77	soixante-dix-sept	95	quatre-vingt-quinze
78	soixante-dix-huit	96	quatre-vingt-seize
79	soixante-dix-neuf	97	quatre-vingt-dix-sept
80	quatre-vingt	98	quatre-vingt-dix-huit
81	quatre-vingt-un	99	quatre-vingt-dix-neuf
90	quatre-vingt-dix	100	cent
91	quatre-vingt-onze	200	deux cents
92	quatre-vingt-douze	1.000	mille
93	quatre-vingt-treize	2.000	deux mille
94	quatre-vingt-quatorze	1.000.000	un million

VINGT-HUITIÈME LEÇON
28

L'ARGENT

centimes

CONVERSATION

Combien de centimes y a-t-il dans un franc?
Dans un franc, il y a cent centimes.

Combien de centimes y a-t-il dans un sou?
Dans un sou, il y a cinq centimes.

Combien de centimes y a-t-il dans deux sous?
Dans deux sous, il y a dix centimes.

Combien de centimes y a-t-il dans trois sous?
Dans trois sous, il y a quinze centimes.

Combien coûte le crayon?
Le crayon coûte trois sous.

Combien coûte une cravate?

Le prix d'une cravate varie avec la qualité. Il y a des cravates à dix francs, à quinze francs, à vingt francs, à vingt-cinq francs, etc.

Combien de sous y a-t-il dans un franc?

Dans un franc il y a vingt sous.

Combien coûte un morceau de savon?

Le prix dépend de la qualité, mais en général un morceau de savon coûte quarante sous.

Combien coûte un petit peigne?

Un petit peigne coûte deux francs cinquante (centimes).

Combien de sous y a-t-il dans deux francs cinquante?

Dans deux francs cinquante, il y a cinquante sous.

Combien coûte une tasse de café?

Une tasse de café coûte dix sous.

Combien de centimes y a-t-il dans dix sous?

Dans dix sous, il y a cinquante centimes.

Quelle est l'unité monétaire en France?

Le franc est l'unité monétaire en France.

Quelle est l'unité monétaire aux États-Unis?

Le dollar est l'unité monétaire aux États-Unis.

Est-ce que les billets de banque sont en métal?

Non, les billets de banque sont en papier.

Est-ce que l'or est un métal?

Oui, l'or est un métal précieux. L'or est de couleur jaune.

l'anneau   la broche   le bracelet

Est-ce que l'argent est un métal?
Oui, l'argent est un métal.

Est-ce que l'acier est un métal?
Oui, l'acier est un métal qui sert à la construction.

Est-ce que le rubis est un métal?
Non, le rubis n'est pas un métal. Le rubis est une pierre précieuse. Le diamant et l'émeraude sont aussi des pierres précieuses.

Est-ce que votre maison est en pierre?
Oui, ma maison est en pierre mais pas en pierres précieuses.

À quoi sont utilisés les diamants?
Les diamants sont utilisés dans la fabrication des bijoux. Les bijoux sont des ornements faits de pierres précieuses et de métaux précieux, tels que l'argent et l'or.

Qui vend des bijoux?
Le bijoutier vend des bijoux.

Où est-ce que le bijoutier vend des bijoux?
Le bijoutier vend les bijoux dans la bijouterie.

Qu'est-ce qu'un homme riche?
Un homme riche est un homme qui a beaucoup d'argent.

81

Qu'est-ce qu'un homme pauvre?
Un homme pauvre est un homme qui n'a pas beaucoup d'argent.

Est-ce qu'un collier de perles coûte beaucoup d'argent?
Oui, un collier de perles coûte beaucoup d'argent.

LE MATIN

le peignoir

le peigne

la brosse à dents

CONVERSATION

À quelle heure allez-vous vous coucher?
Je vais me coucher à dix heures et demie.

À quelle heure vous levez-vous le matin?
Je me lève à sept heures tous les jours.

Que mettez-vous quand vous vous levez?
Quand je me lève, je mets mon peignoir.

Que mettez-vous aux pieds le matin en vous levant?
Le matin, en me levant, je mets des chaussons aux
  pieds.

Que faites-vous quand vous vous levez?
D'abord, je me brosse les dents.

Avec quoi vous brossez-vous les dents?
Je me brosse les dents avec une brosse à dents et de la
    pâte dentifrice.

Que faites-vous après?
Après, je prends un bain.

Que faites-vous après votre bain?
Après mon bain, je me sèche.

Avec quoi vous séchez-vous?
Je me sèche avec une serviette.

Que faites-vous quand vous êtes sec?
Quand je suis sec, je m'habille.

Est-ce que vous vous coiffez tous les matins?
Oui, je me coiffe tous les matins.

Avec quoi vous coiffez-vous?
Je me coiffe avec un peigne et une brosse.

Qu'est-ce que vous coiffez?
Je coiffe mes cheveux.

Combien de peignes avez-vous?
J'ai un grand peigne dans ma salle de bain et un petit
    peigne dans ma poche.

S'habiller (to dress oneself)

je m'habille	nous nous habillons
tu t'habilles	vous vous habillez
il s'habille	ils s'habillent

84

Brosser (to brush)

je brosse	nous brossons
tu brosses	vous brossez
il brosse	ils brossent

Sécher (to dry)

je sèche	nous séchons
tu sèches	vous séchez
il sèche	ils sèchent

Se coiffer (to comb oneself)

je me coiffe	nous nous coiffons
tu te coiffes	vous vous coiffez
il se coiffe	ils se coiffent

Avoir besoin de is an idiomatic expression meaning *to need.*

Example: J'ai besoin d'un chapeau. I need a hat.
Avez-vous besoin d'une paire de gants?
Do you need a pair of gloves?

Write five sentences using different forms of *avoir besoin de.*

TRENTIÈME LEÇON

30

LE BAIN

la serviette

ie lavabo

**Jacquot se baigne
tous les matins.**

CONVERSATION

Dans quoi vous lavez-vous les mains?
Je me lave les mains dans le lavabo.

Avec quoi vous lavez-vous les mains et la figure?
Je me lave les mains et la figure avec de l'eau et du
savon.

Vous lavez-vous la figure avec du savon de Marseille?
Non, je ne me lave pas la figure avec du savon de
Marseille.

À quoi sert le savon de Marseille?
Le savon de Marseille sert à laver le linge et la
vaisselle.

Dans quoi vous baignez-vous?
Je me baigne dans la baignoire.

Avec quoi vous séchez-vous?
Je me sèche avec une serviette.

Qui lave le linge de la famille?
La blanchisseuse lave le linge de la famille.

Avec quoi est-ce que la blanchisseuse repasse le linge?
La blanchisseuse repasse le linge avec le fer à repasser.

Avez-vous un fer électrique chez vous?
Oui, j'ai un fer électrique chez moi.

Où est-ce que la blanchisseuse lave le linge?
La blanchisseuse lave le linge dans la blanchisserie.

Qui se baigne?
Tout le monde se baigne.

Est-ce qu'il y a un jour spécial pour se baigner?
Non, il n'y a pas de jour spécial pour se baigner. Les
gens se baignent tous les jours si c'est possible.

Est-ce que vous préférez prendre un bain ou une
douche?
Je préfère prendre un bain.

Est-ce que les poissons se baignent?

Non, les poissons vivent dans l'eau, ils n'ont pas besoin
de baignoires spéciales.

Quelquefois le verbe *laver* est réfléchi.

Example: Je me lave la figure.
          Tu te laves les mains.
          Maman se lave la figure.

Dans d'autres cas, *laver* n'est pas réfléchi.

Example: Je lave mes bas.
          Tu laves le linge.
          Marie lave la vaisselle.

"Oh, que c'est froid!"

la douche

Est-ce que l'éléphant se baigne dans une baignoire?

Non, c'est impossible, parce que l'éléphant est très
grand et la baignoire est très petite.

Où se baigne l'éléphant?

L'éléphant se baigne dans le lac ou dans la rivière. Les
animaux se baignent dans les rivières et dans les
lacs.

À quoi sert le bain?

Le bain sert à maintenir la propreté du corps.

Pourquoi lave-t-on le linge?

On lave le linge pour qu'il soit propre.
    Un corps propre et du linge propre sont indispen-
sables.

Quel est le contraire de *propre?*

Le contraire de *propre* est *sale*.

Quel animal domestique est sale?
Le cochon est l'animal domestique qui est très sale.

Quel insecte est sale?
La mouche est sale. La mouche est très sale et très désagréable. Le moustique est aussi très désagréable.

le cochon

LA BLANCHISSEUSE

le linge sèche au soleil

le panier   **la bassine pour
laver le linge**

CONVERSATION

Qui lave le linge de la famille?
La blanchisseuse lave le linge de la famille.

Dans quoi la blanchisseuse lave-t-elle le linge?
La blanchisseuse lave le linge dans la bassine.

Dans quoi la blanchisseuse met-elle l'eau et le savon?
La blanchisseuse met l'eau et le savon dans la bassine.

Avec quoi la blanchisseuse lave-t-elle le linge?
La blanchisseuse lave le linge avec de l'eau et du savon.

La blanchisseuse lave-t-elle le linge à l'eau chaude?
Oui, la blanchisseuse lave le linge à l'eau chaude.

À quoi servent les paniers?
La blanchisseuse met le linge sale dans un des paniers, et le linge propre dans un autre. La blanchisseuse a deux paniers spéciaux.

Comment la blanchisseuse sèche-t-elle le linge?
La blanchisseuse met le linge au soleil et le soleil sèche le linge par évaporation.

Qu'est-ce qui évapore l'humidité du linge?
La chaleur du soleil évapore l'humidité du linge.

Quel est le contraire de sec?
Le contraire de sec est mouillé ou humide.
  Mouillé signifie saturé d'eau.

Que fait la blanchisseuse quand le linge est sec?
Quand le linge est sec, la blanchisseuse repasse le linge.

Avec quoi la blanchisseuse repasse-t-elle le linge?
La blanchisseuse repasse le linge avec un fer à repasser.

Sur quoi la blanchisseuse repasse-t-elle le linge?
La blanchisseuse repasse le linge sur une planche à repasser.

ACHETER ET VENDRE

le boulanger

CONVERSATION

Qui vend la viande?
Le boucher vend la viande.

Où le boucher vend-il la viande?
Le boucher vend la viande dans la boucherie.

Quel est le contraire de *vendre?*
Le contraire de *vendre* est *acheter.*

Où achetez-vous vos chapeaux?
J'achète mes chapeaux dans une chapellerie.

le mouchoir

Qui sert les clients dans la chapellerie?
Le chapelier sert les clients dans la chapellerie.

Combien est-ce que le client paye pour un bon
   chapeau?
Pour un bon chapeau, le client paye cent cinquante
   francs.

Où achetez-vous le pain pour votre famille?
J'achète le pain pour ma famille chez le boulanger.

Avec quoi le boulanger fait-il le pain?
Le boulanger fait le pain avec la farine, l'eau, le sel,
   la levure, etc.

Où achetez-vous les médicaments?
J'achète les médicaments dans une pharmacie.

Où achetez-vous la nourriture pour la famille?
J'achète la nourriture pour la famille à l'épicerie.

Quelle nourriture achetez-vous chez l'épicier?
Chez l'épicier, j'achète du café, du riz, du sucre, des
   haricots, du savon, etc.

Achetez-vous les condiments à l'épicerie?
Oui, j'achète les condiments à l'épicerie.

Quels sont les principaux condiments?
Les principaux condiments sont le sel, le poivre, et la
    moutarde.

Quelles provisions achetez-vous au marché?
Au marché, j'achète des fruits, des légumes, des céré-
    ales, du lait, du beurre, du fromage, etc.

Où achetez-vous vos bas, vos blouses et vos mouchoirs?
J'achète mes bas, mes blouses et mes mouchoirs dans
    un grand magasin. Un magasin est un établissement
    commercial qui vend des articles au public.

Qui sert le client dans le magasin?
Le vendeur sert le client dans le magasin.

Quel établissement s'occupe de transactions moné-
    taires?
La banque s'occupe de transactions monétaires.

Où achetez-vous des cigares, des cigarettes et du tabac
    pour la pipe?
J'achète des cigares, des cigarettes et du tabac pour la
    pipe au bureau de tabac.

bijou	bijoutier	bijouterie
jewel	jeweler	jewelry shop
lait	laitier	laiterie
milk	milkman	milk dispensary
horloge	horloger	horlogerie
watch	watchmaker	watchmaker's shop
chapeau	chapelier	chapellerie
hat	milliner	milliner's shop

TRENTE TROISIÈME LEÇON

33

LES SAISONS

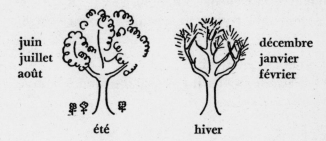

juin
juillet
août

décembre
janvier
février

été

hiver

CONVERSATION

Combien de saisons y a-t-il dans une année?
Il y a quatre saisons dans une année.

Quelles sont les saisons de l'année?
Les saisons de l'année sont le printemps, l'été, l'automne et l'hiver.

Combien de mois y a-t-il dans une saison?
Dans une saison, il y a trois mois.

Combien de mois y a-t-il dans une année?
Dans une année, il y a douze mois.

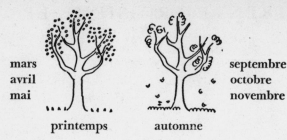

mars
avril
mai

printemps

septembre
octobre
novembre

automne

Quelle est la principale différence entre les saisons?
La température est la principale différence entre les
saisons.

Quand est-ce qu'il fait chaud?
Il fait chaud en été. Il fait chaud quand la température est élevée.

Quand est-ce qu'il fait froid?
Il fait froid en hiver. Il fait froid quand la température est basse.

Quel instrument indique la température?
Le thermomètre est l'instrument qui indique la température. Le thermomètre est divisé en degrés.

Quand est-ce qu'il fait chaud?
Il fait chaud quand le thermomètre Fahrenheit indique soixante dix degrés, quatre-vingt degrés,
quatre-vingt dix degrés, etc.

Quand est-ce qu'il fait froid?
Il fait froid quand le thermomètre Fahrenheit indique dix degrés, quinze degrés, vingt degrés.

Est-ce qu'il fait froid en été?
Non, il ne fait pas froid en été; il fait chaud en été.

96

Est-ce qu'il fait chaud en hiver?
Non, il ne fait pas chaud en hiver; il fait froid en hiver.

Quels sont les mois de printemps?
Les mois de printemps sont mars, avril et mai.

Qu'est-ce qu'il y a dans le jardin au printemps?
Il y a beaucoup de fleurs dans le jardin au printemps.

Quels sont les mois d'été?
Les mois d'été sont juin, juillet et août.

Qu'est-ce qu'il y a en été sur les arbres?
En été, il y a des fruits sur les arbres.

Quels sont les mois d'automne?
Septembre, octobre et novembre sont les trois mois de
    l'automne.

Quels sont les mois d'hiver?
Les mois d'hiver sont décembre, janvier et février.

Est-ce qu'il y a des fleurs et des fruits en hiver?
Non, il n'y a ni fleurs ni fruits en hiver.

Qu'est-ce que la glace?
La glace est de l'eau solide.

Quand est-ce que l'eau est solide?
L'eau est solide quand il fait très froid.

Est-ce que la glace est transparente?
Oui, la glace est transparente.

Qu'est-ce qu'un nuage?
Un nuage est une formation de vapeur d'eau.

97

Où sont les nuages?
Les nuages sont dans le ciel.

De quelle couleur sont les nuages?
Les nuages sont généralement blancs.

Qu'est-ce la pluie?
La pluie est de l'eau qui tombe des nuages.

Dans quelle saison y a-t-il beaucoup de pluie?
Il y a beaucoup de pluie au printemps.

Est-ce qu'il y a beaucoup de pluie en hiver?
Non, en hiver il y a de la neige.

Est-ce que la neige est jolie?
Oui, la neige est jolie parce qu'elle est blanche et
    propre.

Est-ce qu'il pleut en ce moment?
Non, il ne pleut pas en ce moment.

Est-ce qu'il neige en ce moment?
Non, il ne neige pas en ce moment.

LA SEMAINE

l'église

Combien de jours y a-t-il dans une semaine?
Dans une semaine, il y a sept jours: un de repos et six
de travail.

Quel est le jour de repos?
Le dimanche est le jour de repos; c'est aussi le jour où
je vais à l'église. Je vais à l'église tous les dimanches.

Travaillez-vous le dimanche?
Non, je ne travaille pas le dimanche. Personne ne
(nobody) travaille le dimanche.

Combien de jours de classe par semaine y a-t-il à
l'école?
À l'école, il y a cinq jours de classe par semaine.

Quel est le premier jour de travail de la semaine?
Lundi est le premier jour de travail de la semaine.

Quel est le second jour de travail de la semaine?
Mardi est le second jour de travail de la semaine.

Quel est le troisième jour de travail de la semaine?
Mercredi est le troisième jour de travail de la semaine.

Quel est le quatrième jour de travail de la semaine?
Jeudi est le quatrième jour de travail de la semaine.

Quel est le cinquième jour de travail de la semaine?
Vendredi est le cinquième jour de travail de la
    semaine. Vendredi est aussi le dernier jour de classe
    dans les écoles en Amérique.

Quel jour de la semaine est samedi?
Samedi est le sixième jour de la semaine. C'est aussi
    le jour qui précède dimanche.

Qu'est-ce que vous faites le samedi?
Le samedi, je travaille jusqu'à midi et je fais des achats
    (go shopping) après le déjeuner. J'achète des
    vêtements, des livres, etc. Le samedi soir, je vais
    parfois au cinéma ou au théâtre.

Est-ce que vous étudiez le dimanche?
Non, je préfère ne pas étudier le dimanche. Le di-
    manche, je préfère me reposer.

Savez-vous quels sont les sept jours de la semaine?
Non, je ne sais pas par cœur les jours de la semaine,
    mais je les étudierai cette semaine. Ha! Ha! Ha!

Les jours de la semaine

Lundi:	Premier jour de travail.
Mardi:	Second jour de travail et de classe.
Mercredi:	Troisième jour de travail.
Jeudi:	Quatrième jour de travail.
Vendredi:	Cinquième jour de travail et dernier jour de classe.
Samedi:	Sixième jour de travail.
Dimanche:	Jour de repos.

Se reposer (to rest)

je me repose	nous nous reposons
tu te reposes	vous vous reposez
il se repose	ils se reposent

Étudier (to study)

j'étudie	nous étudions
tu étudies	vous étudiez
il étudie	ils étudient

LE CORPS

les cheveux ⟶

⟵ la moustache

CONVERSATION

Est-ce que votre père a une voix de baryton ou de
ténor?
Mon père a une voix de baryton.

Est-ce que votre mère a aussi une voix de baryton?
Oh non, ma mère a une voix de soprano.

À quoi sert la voix?
La voix sert à parler et à chanter.

Qu'est-ce que chanter?
Chanter, c'est produire une mélodie avec la voix.

Est-ce que la girafe chante?
Non, la girafe ne chante pas.

Qu'est-ce qu'une girafe?
Une girafe est un animal qui a un long cou.

Qu'est-ce que le cou?
Le cou est la partie du corps qui unit la tête au tronc.

Quel fruit y a-t-il dans le cou?
Ha! Ha! Ha! Dans le cou, il y a la pomme d'Adam.

Qui était Adam?
Adam était le premier homme.

Quelle partie du corps unit les bras au tronc?
Les épaules unissent les bras au tronc.

Combien avez-vous d'épaules?
J'ai deux épaules: l'épaule droite et l'épaule gauche.

Quels sont les organes du tronc?
Les organes du tronc sont les organes de la respiration,
    de la digestion et de la circulation.

Quels sont les organes de la respiration?
Les poumons sont les organes de la respiration.

Que respirez-vous?
Je respire de l'air.

Quelle est la couleur de l'air?
L'air est transparent.

Quel est l'organe central de la circulation du sang?
Le cœur est l'organe central de la circulation du sang.

Quelle est la couleur du sang?
Le sang est rouge.

Quel est le centre des affections romantiques de l'homme?

Le cœur est le centre des affections romantiques de l'homme et de la femme. Ce n'est pas la propriété exclusive de l'homme.

Est-ce que vous avez des cheveux?
Oui, j'ai beaucoup de cheveux.

Est-ce que votre père a encore des cheveux?
Oui, mon père a encore un peu de cheveux mais pas beaucoup.

Qu'est-ce que c'est qu'une personne chauve?
Une personne chauve est une personne sans cheveux.

Qui a des cheveux longs?
Les femmes ont des cheveux longs.

De quelle couleur sont les cheveux?
Les couleurs les plus communes sont noires, brunes et blondes.

Quelle est la couleur des yeux des personnes qui ont des cheveux blonds?
En général, les personnes qui ont les cheveux blonds ont des yeux bleus, mais il y a des exceptions.

Quelle est la couleur des yeux des personnes qui ont des cheveux noirs?
En général, les personnes qui ont les cheveux noirs ont des yeux bruns, mais il y a des exceptions.

Avez-vous une moustache?
Non, je n'ai pas de moustache.

Est-ce que votre père a une barbe?
Non, mon père n'a pas de barbe.

Quelle partie du corps unit le bras à la main?
Le poignet est la partie du corps qui unit le bras à
la main.

Combien de doigts y a-t-il à chaque main?
Il y a cinq doigts à chaque main. Sur les deux mains
il y a dix doigts.

Avez-vous des doigts de pieds?
Oui, j'ai dix doigts de pieds.

Quel est le mot qui signifie doigt de pied?
Orteil signifie doigt de pied. J'ai cinq orteils à chaque
pied.

Quelle partie du corps unit le tronc aux jambes?
Les hanches unissent le tronc aux jambes.

Quelle partie du corps unit les jambes aux pieds?
Les chevilles unissent les jambes aux pieds.

MA JOURNÉE

À quelle heure allez-vous vous coucher?
Je me couche généralement à onze heures.

Pourquoi allons-nous nous coucher?
Nous nous couchons pour dormir.

Dormez-vous dans un lit?
Oui, je dors dans un lit.

Est-ce que la vache dort dans un lit?
Bien sûr (of course) que non; la vache ne dort pas
  dans un lit.

Où dorment les oiseaux?
Les oiseaux dorment dans les arbres.

Quel animal dort dans la maison?
Le chat dort dans la maison. Il dort pendant la journée
  et pendant la nuit, il chante des sérénades.

Que signifie l'expression: J'ai sommeil?
J'ai sommeil signifie: J'ai envie de dormir.
Vous avez sommeil. Vous avez envie de dormir.
Ils ont sommeil. Ils ont envie de dormir.

Note: *J'ai envie de* means *I'd like*.

Est-ce que vous avez envie d'aller au cinéma ce soir?
Oui, j'ai envie d'aller au cinéma ce soir.

Est-ce qu'elle a envie d'aller au cinéma ce soir avec
nous?
Oui, elle a envie d'aller au cinéma ce soir avec nous.

Dans quelle chambre dormez-vous?
Je dors dans la chambre à coucher.

Quel est le contraire de *s'endormir?*
Le contraire de *s'endormir* est *se réveiller.*

À quelle heure vous réveillez-vous?
Je me réveille à huit heures du matin.

Qu'est-ce qu'un réveille-matin?
Un réveille-matin est un instrument qui réveille une
personne qui dort.

À quoi sert un réveille-matin?
Un réveille-matin sert à réveiller une personne à une
heure précise.

Comment sont les yeux d'une personne qui dort?
Les yeux d'une personne qui dort sont fermés. Je
ferme les yeux pour dormir. Tout le monde ferme
les yeux pour dormir.

Quel est le contraire de *fermer?*
Le contraire de *fermer* est *ouvrir.*

Quand ouvrez-vous les yeux?
J'ouvre les yeux le matin, au moment où je me réveille

À quelle heure vous levez-vous?
Je me lève à huit heures et demie.

Que faites-vous quand vous vous levez?
Quand je me lève, je prends un bain, je m'habille et
 je prends le petit déjeuner.

Que faites-vous après le petit déjeuner?
Après le petit déjeuner je sors.

Que signifie *sors*?
Sors est le contraire de *entre*. L'infinitif de sors est
 sortir. *Sortir* est le contraire de *entrer*.

Où allez-vous quand vous sortez?
Je vais au bureau pour travailler.

Mon emploi du temps

8:00 Je me lève et je m'habille.
8:20 Je prends mon petit déjeuner. Je prends des
       fruits, du café, du pain, du beurre et deux
       œufs.
8:40 Je sors de ma maison.
9:00 J'arrive à mon bureau.
9:00 à 1:00 Je travaille au bureau.
1:00 Je vais au restaurant pour déjeuner.
2:00 Je retourne au bureau et je travaille jusqu'à
       cinq heures.
5:00 à 6:00 Je vais à la maison et je me prépare pour
       le dîner.
7:00 Je dîne de bon appétit.

8:00 à 11:00 De huit heures à onze heures, je lis, je vais au cinéma ou je vais en visite chez des amis. Quelquefois j'étudie du français ou j'écoute de la musique.

11:00 À onze heures, je vais généralement me coucher.

Sortir (to go out)

je sors	nous sortons
tu sors	vous sortez
il sort	ils sortent

Fermer (to close)

je ferme	nous fermons
tu fermes	vous fermez
il ferme	ils ferment

Ouvrir (to open)

j'ouvre	nous ouvrons
tu ouvres	vous ouvrez
il ouvre	ils ouvrent

LES MODES DE TRANSPORT

le bateau

CONVERSATION

Quels sont les trois modes de voyage?
Les trois modes de voyage sont par terre, par mer et
 dans l'air.

Quels sont les principaux véhicules qui servent au
 transport par terre?
Les principaux véhicules qui servent au transport par
 terre sont le train, l'automobile, le tramway et
 l'autobus.

Est-ce que l'autobus sert aussi au transport par air?
Non, l'autobus ne sert pas au transport par air.

Qu'est-ce qui sert au transport par mer?
Le bateau sert au transport par mer.

Qu'est-ce qui sert au transport par air?
L'avion sert au transport par air.

Est-ce que vous prenez le bateau, l'avion ou l'autobus
   pour aller à votre bureau?
Pour aller à mon bureau, je prends l'autobus.

Où prenez-vous l'autobus?
Je prends l'autobus au coin de la rue.

Combien de roues a une auto?
Une auto a quatre roues.

Combien de roues a une bicyclette?
Une bicyclette a deux roues.

Quel animal a des roues?
Aucun animal n'a de roue.

Qui conduit l'auto?
Le chauffeur conduit l'auto.

Savez-vous conduire?
Oui, Mademoiselle, je sais conduire, mais je ne con-
   duis pas en ville parce qu'il y a trop d'autos. Je
   préfère conduire à la campagne.

Que dit le train?
Le train dit: Tuu-Tuu-Tuuuuu.

Quelles personnes achètent des billets?
Les voyageurs achètent des billets.

Avez-vous besoin d'un billet pour voyager?
Oui, j'ai besoin d'un billet pour voyager.

Pourquoi avez-vous besoin d'un billet?
J'ai besoin d'un billet pour prouver que j'ai payé mon
   voyage.

Qu'est-ce qu'un Transatlantique?
Un Transatlantique est un bateau qui traverse
   l'Atlantique entre l'Europe et l'Amérique.

Où travaille le marin?
Le marin travaille sur le bateau.

Que transporte le bateau?
Le bateau transporte des passagers et de la marchandise. Les passagers sont des personnes; la marchandise consiste en machines, en céréales, en
   textiles, etc.

Qu'est-ce qu'un port?
Un port est une ville sur la côte d'où on exporte et
   importe des marchandises. L'importation est le
   contraire de l'exportation.

Où est Cherbourg?
Cherbourg est en France.

Quels bateaux y a-t-il sur un petit lac?
Sur un petit lac, il y a des bateaux à moteur, des bateaux à voiles. Un canoë est un petit bateau.

Combien de chevaux-vapeur a un petit bateau à
   moteur?
Un petit bateau à moteur a trente, quarante ou cinquante chevaux-vapeur.

Comment marchaient les anciens bateaux?
Les anciens bateaux marchaient à la voile.

Quelle était la force qui faisait marcher les anciens
  bateaux?
Le vent était la force qui faisait marcher les anciens
  bateaux.

Qu'est-ce que le vent?
Le vent est un mouvement d'air.

Dans quelle direction souffle le vent?
Le vent souffle dans toutes les directions. Il souffle du
  nord au sud et du sud au nord, quelquefois de l'est
  à l'ouest et quelquefois du nord-est au sud-ouest.

Savoir—to know

je sais	nous savons
tu sais	vous savez
il sait	ils savent

See Grammar Section No. 11, page 180 on *Savoir* and
Connaître.

TRENTE-HUITIÈME LEÇON

38

ADVERBES DE TEMPS

Passé	Présent	Futur
il y a juste un moment	maintenant	dans un moment
hier	aujourd'hui	demain
hier soir	ce soir	demain soir
hier après-midi	cet après-midi	demain après-midi
hier matin	ce matin	demain matin
la semaine dernière	cette semaine	la semaine prochaine
le mois dernier	ce mois-ci	le mois prochain
l'année dernière	cette année	l'année prochaine

À quoi servent les adverbes de temps?
Les adverbes de temps servent à indiquer le moment d'une action.

Quel adverbe indique le moment présent?
Maintenant est l'adverbe qui indique le moment présent.
Example: Maintenant je parle français avec mon ami.

Quel adverbe indique le jour présent?
Aujourd'hui indique le jour présent.

Que signifie *Il y a juste un moment*?
Il y a juste un moment signifie un moment dans le passé immédiat.

114

Quel est le sens exact de l'adverbe *maintenant*?
L'adverbe *maintenant* indique le moment actuel ou
l'époque actuelle. Le sens de *maintenant* varie avec
les circonstances.

Qu'est-ce que vous faites maintenant?
Maintenant j'étudie ma leçon de français.

Qu'est-ce que vous allez faire ce soir?
Je vais ce soir au cinéma.

Est-ce que vous allez à la campagne demain?
Non, je ne vais pas à la campagne demain.

Quand allez-vous à la campagne?
Je vais aller à la campagne le mois prochain.

   Note: *Il y a* is the French equivalent of the English
word *ago*.

Examples:

Il y a une heure	an hour ago
Il y a une semaine	a week ago
Il y a un an	a year ago
Il y a longtemps	a long time ago

TRENTE-NEUVIÈME LEÇON
39

PAST INDEFINITE WITH AVOIR

In English, to express the past tense of a verb, we use the simple past:

Example: I ate. I danced.

In French, to express the past, we use a compound form, the past indefinite:

Example: Instead of saying *I ate,* we say in French *I have eaten* — J'ai mangé.

The past indefinite is formed by using the auxiliary verbs *avoir* or *être* in the present tense, followed by the past participle. The following table shows how to form the past participle of regular *er, ir,* and *re* verbs.

	Er	*Ir*	*Re*
Infinitive:	manger	finir	rompre
Past participle:	mangé	fini	rompu

Examples:

Infinitive	*Past Participle*	
chanter	chanté	sung
manger	mangé	eaten
aller	allé	gone
donner	donné	given
répondre	répondu	answered
finir	fini	finished

116

J'ai chanté	I sang
Tu as chanté	You sang
Il, elle a chanté	He, she sang
Nous avons chanté	We sang
Vous avez chanté	You sang
Ils, elles ont chanté	They sang
J'ai répondu	I answered
Tu as répondu	You answered
Il, elle a répondu	He, she answered
Nous avons répondu	We answered
Vous avez répondu	You answered
Ils, elles ont répondu	They answered
J'ai grandi	I grew
Tu as grandi	You grew
Il, elle a grandi	He, she grew
Nous avons grandi	We grew
Vous avez grandi	You grew
Ils, elles ont grandi	They grew

Write the following verbs in the past indefinite:
vendre, entendre, travailler, marcher, fumer, parler,
acheter, obéir, penser, rougir.

Note: The use of the auxiliary *être* with the past
participle will be discussed in the next lesson.

CONVERSATION

Est-ce que vous avez parlé au téléphone hier soir?
Oui, hier soir j'ai parlé au téléphone avec un ami.

Est-ce que vous avez dansé hier soir?

Oui, hier soir j'ai dansé avec une jolie fille. J'aime beaucoup danser.

Est-ce que vous avez reçu beaucoup de lettres hier?

Oui, hier j'ai reçu beaucoup de lettres de mes amis et de ma famille. J'ai reçu une lettre en français d'un ami qui habite en France.

Est-ce que vous avez bien compris (irregular) la lettre?

Oui, j'ai parfaitement compris. Quelle joie de comprendre une lettre en français! C'est un grand plaisir.

Avec qui avez-vous diné hier soir?

Hier soir j'ai diné avec ma famille.

Avez-vous travaillé hier?

Non, je n'ai pas travaillé hier. Je ne travaille jamais le dimanche.

Avez-vous préparé le dîner hier soir?

Oui, j'ai préparé le dîner hier soir.

Qu'est-ce que vous avez mangé hier soir?

Hier soir, j'ai mangé du poulet rôti avec des pommes de terre et des haricots verts.

Est-ce que votre grand-père a fumé sa pipe après le dîner?

Oui, mon grand-père a fumé sa pipe après le dîner.

De quoi ont parlé vos parents après le dîner?

Après le dîner, mes parents ont parlé des vacances.

Est-ce que vous avez parlé avec vos parents?

Oui, j'ai parlé avec mes parents.

Est-ce que vous avez marché dans le parc hier après le
  dîner?
Oui, j'ai marché dans le parc avec mon chien.

Est-ce que vous avez acheté des violettes pour votre
  mère dans le parc?
Oui, j'ai acheté des violettes pour ma mère dans le
  parc.

Est-ce que vous avez étudié vos leçons hier soir?
Oui, j'ai étudié mes leçons hier soir.

QUARANTIÈME LEÇON

40

Past Indefinite with être

There are a few French verbs that form the past indefinite with the auxiliary *être*. In this case, the past participle agrees with the subject in gender and number.

Example:

Aller:

Je suis allé (ée)	Nous sommes allés (ées)
Tu es allé (ée)	Vous êtes allé (es) (ée) (ées)
Il est allé	Ils sont allés
Elle est allée	Elles sont allées

Note agreement of gender and number:

Il est allé	Ils sont allés
Elle est allée	Elles sont allées

Partir:

Je suis parti (ie)	Nous sommes partis (ies)
Tu es parti (ie)	Vous êtes parti (is) (ie) (ies)
Il est parti	Ils sont partis
Elle est partie	Elles sont parties

Arriver:

Je suis arrivé (ée)	Nous sommes arrivés (ées)
Tu es arrivé (ée)	Vous êtes arrivé (és) (ée) (ées)
Il est arrivé	Ils sont arrivés
Elle est arrivée	Elles sont arrivées

List of most commonly used verbs that form the past indefinite with the auxiliary *être*.

Infinitive	*Past Participle*
entrer, to enter	entré
monter, to go up	monté
rester, to stay	resté
tomber, to fall	tombé
descendre, to go down	descendu
sortir, to go out	sorti
venir, to come (irregular)	venu

Write the above verbs in the past indefinite tense.

The past indefinite of all reflexive verbs is formed with the auxiliary *être*.

Example:

Se baigner (to bathe)

Je me suis baigné (ée)	I bathed
Tu t'es baigné (ée)	you bathed
Il s'est baigné	he bathed
Elle s'est baignée	she bathed
Nous nous sommes baignés (ées)	we bathed
Vous vous êtes baigné (és) (ée) (ées)	you bathed
Ils se sont baignés	they bathed
Elles se sont baignées	they bathed

CONVERSATION

À quelle heure vous êtes-vous levé hier matin?
Hier matin je me suis levé à sept heures et demie.

Est-ce que vous vous êtes baigné?
Oui, je me baigne tous les matins.

Qu'avez-vous fait après votre bain?
Après mon bain, je me suis séché et je me suis habillé.

Qu'avez-vous fait après?
Je suis descendu à la salle à manger pour prendre mon
   petit déjeuner.

Est-ce que vous êtes resté à la maison toute la journée?
Non, je suis sorti à neuf heures.

Où est-ce que vous êtes allé?
Je suis allé travailler à mon bureau.

Qu'avez-vous fait hier soir?
Je suis rentré à la maison à cinq heures.

Est-ce que vous avez dîné seul?
Non, j'ai invité des amis pour le dîner.

Qu'est-ce que vous avez fait après le dîner?
Après le dîner nous sommes allés au salon et nous
   avons parlé de nos vacances.

Est-ce que vous êtes allé vous coucher après?
Non, nous sommes allés au cinéma.

Est-ce que vous avez vu un bon film?
Oui, nous avons vu un bon film et, en rentrant du
   cinéma, je suis allé me coucher.

QUARANTE ET UNIÈME
LEÇON
41

COMPOSITION

Write the past indefinite of the following irregular
verbs.

All these verbs use the auxiliary *avoir*.

	Infinitive	*Past Participle*
to learn	apprendre	appris
to have	avoir	eu
to drink	boire	bu
to understand	comprendre	compris
to run	courir	couru
to say	dire	dit
to write	écrire	écrit
to be	être	été
to do, to make	faire	fait
to take	prendre	pris
to live	vivre	vécu
to see	voir	vu

Now that you know how to express yourself in the
past tense you should set out on the great adventure
of composing your own stories in French. It is good
practice to write short compositions, but it is much

better to tell your stories orally. Even if you haven't any French-speaking friends to hear you, it is advisable to tell your stories aloud so that you will be able to express yourself with ease in practical, everyday French. At first the going will be hard because most beginners are overwhelmed at the thought of telling a story in a new language. At this point your natural reaction will be to say, "I can't"; but, if you use the model compositions given in this lesson as a guide, you will find that by continual practice you can become fluent in your expression of French.

The following words are extremely useful for your first compositions:

Past Indefinite of *Dire* (to tell or to say)

j'ai dit	nous avons dit
tu as dit	vous avez dit
il a dit	ils ont dit

Past Indefinite of *Voir* (to see)

j'ai vu	nous avons vu
tu as vu	vous avez vu
il a vu	ils ont vu

Past Indefinite of *Faire* (to do or to make)

j'ai fait	nous avons fait
tu as fait	vous avez fait
il a fait	ils ont fait

après — after
avant — before   samedi dernier — last Saturday
puis — then   dimanche dernier — last Sunday

124

Model Composition I

Samedi dernier, je suis allé dîner chez des amis. Avant le dîner, j'ai parlé à la mère de mes amis. C'est une femme charmante et très intéressante. Nous avons parlé de musique et de politique. Après une demi-heure de conversation, nous sommes allés manger un excellent dîner. A neuf heures nous sommes allés au cinéma pour voir un bon film. Après le cinéma, mes amis m'ont accompagné à la maison et nous avons bu une tasse de thé. Puis ils sont partis et je suis allé me coucher.

Model Composition II

À la Campagne

Dimanche dernier, je suis allé à la campagne, avec ma famille, en auto. Nous sommes partis à dix heures du matin et à une heure nous sommes arrivés dans un charmant petit village. Nous sommes allés à la boulangerie et nous avons acheté du pain. Puis nous avons acheté de la viande chez le boucher et des fruits chez le fruitier et nous sommes allés dans les bois pour déjeuner. Après le déjeuner nous nous sommes reposés une heure. Puis nous avons fait une promenade dans les bois. Le temps était splendide; le ciel était tout bleu, sans un nuage. Après une longue promenade, nous sommes rentrés à la maison pour le dîner. J'aime beaucoup aller à la campagne; l'air est si bon; il y a beaucoup de fleurs, les oiseaux chantent dans les arbres et c'est un bon repos après une semaine de travail.

QUARANTE-DEUXIÈME LEÇON

42

LES MEMBRES DE LA FAMILLE

grand-père avec sa pipe

Le père	Monsieur Pierre Durand
La mère	Madame Jeanne Durand
Les fils	Jacques Durand, François Durand
Les filles	Simone Durand, Marie Durand

Qui est le père de Jacques?
Monsieur Durand est le père de Jacques.

Est-ce que Marie est le frère de Jacques?
Non, Marie n'est pas le frère de Jacques; elle est la
sœur de Jacques. François est le frère de Jacques.
Jacques et François sont frères et Marie et Simone
sont sœurs.

Est-ce que le père de Monsieur Durand est le frère de Jacques?

Non, le père de Monsieur Durand est le grand-père de Jacques.

Est-ce que le grand-père de Jacques est jeune?

Non, le grand-père de Jacques est vieux et ses cheveux sont tout blancs. Jeune est le contraire de vieux.

Est-ce que Jacques aime son grand-père?

Oui, Jacques aime son grand-père parce qu'il est très gentil. Le grand-père aime Jacques, mais il aime aussi ses trois autres petits-enfants, Simone, Marie et François. Le grand-père s'amuse avec ses quatre petits-enfants. Il leur raconte des histoires pendant qu'il fume sa pipe.

Est-ce que la mère de Monsieur Durand est le grand-père des enfants?

Non, la mère de Monsieur Durand, n'est pas le grand-père des enfants. Elle est la grand'mère des enfants.

Est-ce que Jacques aime sa grand'mère?

Oui, tous les enfants aiment leur grand'mère. Elle va à la cuisine et leur prépare des gâteaux et des bonbons.

Est-ce que la grand'mère fume la pipe?

Non, la grand'mère ne fume pas. Elle passe son temps à coudre. Elle coud très bien.

Avec quoi est-ce qu'elle coud?

Elle coud avec une aiguille et du fil de toutes les couleurs.

Est-ce que vous savez coudre?

Non, je ne sais pas coudre. Je n'ai pas assez de patience
pour coudre.

Qui sont les oncles de Jacques?

Les oncles de Jacques sont les frères de ses parents.
Les tantes de Jacques sont les sœurs de ses parents.

Quels sont les membres de la famille de Jacques?

Les membres de la famille de Jacques sont ses parents,
son frère et ses sœurs, ses grand-parents, ses oncles
et ses tantes, ses cousins et ses cousines.

Qui sont les cousins de Jacques?

Les cousins de Jacques sont les fils de ses oncles et de
ses tantes.

Qui sont les cousines de Jacques?

Les cousines de Jacques sont les filles de ses oncles et
de ses tantes.

Est-ce que ses cousines sont les neveux de Monsieur
Durand?

Non, les cousines ne sont pas les neveux, ce sont les
nièces de Monsieur Durand. Nièce est féminin.
Neveu est masculin.

Note: *Possessive*

In French the possessive is not formed by
adding *'s* to the noun but by the use of *de*.

Examples:

La mère de Marie. Mary's mother.
Le chapeau de Marie. Mary's hat.
La pipe de mon grand-père. My grand-
father's pipe.

Raconter (to tell or to relate)

Present	Past Indefinite
je raconte	j'ai raconté
tu racontes	tu as raconté
il raconte	il a raconté
nous racontons	nous avons raconté
vous racontez	vous avez raconté
ils racontent	ils ont raconté

Coudre (to sew)

je couds	j'ai cousu
tu couds	tu as cousu
il coud	il a cousu
nous cousons	nous avons cousu
vous cousez	vous avez cousu
ils cousent	ils ont cousu

See Grammar Section No. 4, p. 167, on **Possessive Adjectives**.

QUARANTE-TROISIÈME LEÇON

43

LES HEURES ET LES MINUTES

Il est une
heure.

Il est deux
heures.

Il est midi
(minuit)
un quart.

Il est onze
heures et
demie.

Il est une
heure vingt.

Il est midi
(minuit)
moins dix.

Il est midi
(minuit)
moins vingt-
cinq.

Il est midi
(minuit)
moins le
quart.

CONVERSATION

Est-ce que la montre a des mains?

Non, en français, on ne dit pas qu'une montre a des
mains. En français on dit qu'une montre a des
aiguilles.

Qu'est-ce que les aiguilles indiquent?
Les aiguilles indiquent les heures et les minutes.

Est-ce que les aiguilles sont de la même grandeur?
Non, les aiguilles ne sont pas de la même grandeur.
   Une des aiguilles est grande et l'autre est petite.

Quelle aiguille indique les heures?
La petite aiguille indique les heures.

Quelle aiguille indique les minutes?
La grande aiguille indique les minutes.

Quelle heure est-il quand la grande aiguille est sur
   douze et la petite aiguille sur trois?
Quand la grande aiguille est sur douze et la petite
   aiguille sur trois il est trois heures.

Quelle heure est-il quand la grande aiguille est sur six
   et la petite aiguille sur trois?
Quand la grande aiguille est sur six et la petite aiguille
   sur trois, il est trois heures et demie. (Trois heures
   trente.)

Comment indiquez-vous qu'il est exactement trois
   heures?
Je dis qu'il est trois heures juste.

Quelle heure est-il quand les deux aiguilles sont sur le
   nombre douze?
Quand les deux aiguilles sont sur douze, il est midi ou
   minuit.

Quelle heure est-il quand la petite aiguille est sur
   douze et la grande aiguille sur six?
Quand la petite aiguille est sur douze et la grande
   aiguille sur six, il est midi trente ou minuit trente.

10:00	Il est dix heures juste.
10:05	Il est dix heures cinq.
10:10	Il est dix heures dix.
10:15	Il est dix heures un quart (dix heures quinze).
10:20	Il est dix heures vingt.
10:25	Il est dix heures vingt cinq.
10:30	Il est dix heures et demie (dix heures trente).
10:35	Il est onze heures moins ving cinq.
10:40	Il est onze heures moins vingt.
10:45	Il est onze heures moins le quart.
10:50	Il est onze heures moins dix.
10:55	Il est onze heures moins cinq.
11:00	Il est onze heures.

réveille-matin

Mon réveille-matin sonne tous les matins à sept heures pour me réveiller.

Se réveiller (to wake up)

je me réveille	nous nous réveillons
tu te réveilles	vous vous réveillez
il se réveille	ils se réveillent

QUARANTE-QUATRIÈME LEÇON

44

MÉTIERS ET PROFESSIONS

Qu'est-ce que le travail?
Le travail est l'occupation d'une personne.

Quel est le travail d'un professeur?
Le travail d'un professeur est de donner des leçons.

Qu'est-ce que le chauffeur reçoit pour son travail?
Le chauffeur reçoit un salaire pour son travail.

Qu'est-ce qu'un salaire?
Un salaire est une rémunération en argent qu'une
  personne reçoit pour son travail.

Qui reçoit un salaire?
Les personnes qui travaillent reçoivent un salaire.

Quelle est la différence entre un métier et une pro-
fession?
Un métier est un travail manuel tandis qu'une profes-
  sion est un travail intellectuel.

Nommez quelques professions intéressantes.
Le docteur, l'avocat, l'ingénieur ont des professions
  intéressantes.

Qu'est-ce qu'un mécanicien?
Un mécanicien est un ouvrier.

rémunération : 보수, 급여 ; 보상, 보수

Qu'est-ce qu'un ouvrier?
Un ouvrier est un homme qui fait un travail manuel.

Est-ce que le menuisier est un ouvrier?
Oui, le menuisier est un ouvrier qui fait des tables,
    des chaises, etc.

Qu'est-ce que des chaises, des tables, des sofas, etc.?
Les chaises, les tables, les sofas, etc., sont des meubles.

De quoi sont fait les meubles?
Les meubles sont faits de bois.

D'où vient le bois?
Le bois vient des arbres.

Est-ce que le menuisier fabrique des meubles?
Oui, le menuisier fabrique des meubles.

Quel est le travail de l'architecte?
L'architecte fait des plans pour la construction des
    maisons.

Combien d'étages a une maison?
En général, une maison a un ou deux étages. Certains
    bâtiments ont beaucoup d'étages. Il y a en Amé-
    rique des hôtels de vingt ou trente étages. Les mai-
    sons privées ont seulement un ou deux étages.

Quelles parties de la maison sont en bois?
Les portes, les fenêtres et les planchers sont en bois.

Quelle est la différence entre la porte et la fenêtre?
La porte est l'entrée de la maison et la fenêtre sert à
    la ventilation de la maison. La lumière et l'air
    entrent par la fenêtre.

Est-ce que les personnes entrent dans la maison par la
   fenêtre?
Non, les personnes entrent dans la maison par la porte.

Quel est le contraire de *entrer*?
Sortir est le contraire de *entrer*.

À quelle heure est-ce que le menuisier sort de sa maison le matin?
Le menuisier sort de sa maison tous les matins à huit
   heures. Il va à son travail tous les matins à huit
   heures. Le menuisier travaille six jours par semaine.

Quel est le jour de repos du menuisier?
Le dimanche est le jour de repos du menuisier.

Quel est le jour de repos du professeur?
Le dimanche est le jour de repos pour toutes les personnes qui travaillent.

Quand vous reposez-vous?
Je me repose quand je suis fatigué.

Est-ce que vous êtes fatigué?
Oui, je suis très fatigué; je vais me reposer.

Travailler (to work)

Present	*Past Indefinite*
je travaille	j'ai travaillé
tu travailles	tu as travaillé
il travaille	il a travaillé
nous travaillons	nous avons travaillé
vous travaillez	vous avez travaillé
ils travaillent	ils ont travaillé

See conjugation of *venir, Irregular Verbs,* Grammar Section No. 9, p. 173.

Sortir (to go out)

Present	*Past Indefinite*
je sors	je suis sorti
tu sors	tu es sorti
il sort	il est sorti
nous sortons	nous sommes sortis
vous sortez	vous êtes sortis
ils sortent	ils sont sortis

QUARANTE-CINQUIÈME LEÇON

45

LES PARTIES DE LA MAISON

Quel est le travail de l'architecte?

Le travail de l'architecte est de faire les plans de construction des maisons, des églises, des théâtres, des
banques, etc.

À quoi servent les chambres de la maison?

Les chambres de la maison servent aux différents be-
soins de la famille.

1. Le salon sert à recevoir les invités.
2. La chambre à coucher sert à dormir et à se reposer.
3. La salle à manger est la chambre dans laquelle
   nous mangeons.
4. Je me lave et je me baigne dans la salle de bain.
5. La cuisinière prépare les repas à la cuisine.

Qu'est-ce qu'un mur?

Un mur est une séparation entre deux chambres et
aussi la protection extérieure de la maison.

Qui construit les murs de la maison?

Le maçon construit les murs de la maison.

De quoi sont faits les murs de la maison?
Les murs de la maison sont faits de briques et de
    ciment.

À quoi sert le toit?
Le toit sert à couvrir la maison.

Est-ce qu'il y a un toit sur chaque maison?
Oui, le toit est absolument nécessaire.

Quel est le travail du peintre?
Le peintre peint les murs de la maison.

Avec quoi est-ce que le peintre peint la maison?
Le peintre peint la maison avec de la peinture.

Quel ouvrier installe l'électricité dans la maison?
L'électricien installe l'électricité dans la maison.

Est-ce qu'il y a l'électricité dans le salon?
Oui, dans le salon, il y a plusieurs lampes électriques.

Quels meubles y a-t-il dans le salon?
Dans le salon, il y a des fauteuils, des chaises, des tables
    et un sofa.

Est-ce qu'il y a des rideaux aux fenêtres de votre
    maison?
Oui, bien sûr, nous avons des rideaux à toutes les
    fenêtres.

À quoi sert le tapis?
Le tapis sert à protéger le plancher.

Avez-vous une T.S.F. (télégraphie sans fil—radio) dans
    votre maison?
Oui, j'ai une très bonne T.S.F. dans mon salon.

Qu'est-ce que vous entendez à la T.S.F.?

J'entends des programmes très intéressants chaque soir. J'écoute de la musique classique, de la musique populaire, des discours politiques, des conférences scientifiques, des pièces de théâtre, etc.

Est-ce que vous aimez entendre les bulletins d'informations à la T.S.F.?

Oui, je les écoute régulièrement parce que j'aime savoir ce qui se passe dans le monde.

Préférez-vous écouter sur grandes ondes ou sur ondes courtes?

Je préfère écouter sur grandes ondes parce que le son est meilleur, mais c'est intéressant d'écouter les programmes sur ondes courtes des différents pays.

Écouter (to listen)

Present	*Past Indefinite*
j'écoute	j'ai écouté
tu écoutes	tu as écouté
il écoute	il a écouté
nous écoutons	nous avons écouté
vous écoutez	vous avez écouté
ils écoutent	ils ont écouté

QUARANTE-SIXIÈME LEÇON

46

LA CUISINE

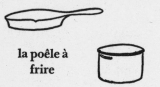

la poêle à
frire

la casserole

le fourneau

À quoi sert l'électricité dans le fourneau électrique?
L'électricité sert à produire de la chaleur dans le fourneau électrique.

À quoi est nécessaire la chaleur du fourneau?
La chaleur du fourneau est nécessaire pour cuire la
nourriture de la famille.

Qui prépare la nourriture de la famille?
La cuisinière prépare la nourriture de la famille.

Avec quoi est-ce que la cuisinière prépare la nourriture?
La cuisinière prépare les repas à la chaleur du fourneau.

140

Dans quoi faites-vous bouillir l'eau?
Je fais bouillir l'eau dans une casserole.

Que faites-vous avec l'eau bouillante?
Avec l'eau bouillante, je prépare du café et du thé.

À quoi sert la casserole?
La casserole sert à cuire les légumes, la viande et le
  poisson.

Dans quoi est-ce que la cuisinière cuit les asperges?
La cuisinière cuit les asperges dans une casserole.

Quelle est la différence entre la casserole et la poêle à
  frire?
Je cuis la nourriture avec de l'eau dans la casserole,
  tandis que dans la poêle je fris la nourriture avec
  du lard ou du beurre. L'huile d'olive aussi est em-
  ployée pour frire la nourriture.

Quelle est la différence entre le beurre et le lard?
Le beurre est jaune et on le mange avec du pain au
  repas, tandis que le lard est blanc et n'est employé
  qu'à la cuisine.

Comment préparez-vous un œuf sur le plat?
1. J'allume le gaz.
2. Je mets la poêle sur le feu.
3. Je mets du lard ou du beurre dans la poêle et j'at-
   tends qu'elle soit chaude.
4. Je casse l'œuf et je le mets dans la poêle.
5. Je retire l'œuf de la poêle après trois minutes.

Quel légume est délicieux quand il est frit?
Les pommes de terre frites sont délicieuses.

Aimez-vous le poisson frit?
Oui, j'aime beaucoup le poisson frit.

Quels sont les principaux condiments?
Les deux principaux condiments sont le sel et le
poivre.

Quelle plante produit le sel?
Ha! Ha! Ha! Les plantes ne produisent pas de sel.
La mer contient du sel. L'eau de mer est salée.

Quelle est la couleur du sel?
Le sel est blanc. Le sel a la même forme et la même
couleur que le sucre.

Dans quoi est-ce que la cuisinière fait le café?
La cuisinière fait le café dans la cafetière.

Dans quoi est-ce que la cuisinière fait le thé?
La cuisinière fait le thé dans la théière. Le thé est fait
avec de l'eau bouillante.

À quelles heures prenez-vous vos repas?
Je prends le petit déjeuner à huit heures, je déjeune à
une heure et je dîne à sept heures. Entre quatre et
cinq heures je prends mon goûter.

Qu'est-ce que vous mangez au goûter?
Je mange du pain et du beurre, un morceau de gâteau
et je bois une tasse de thé.

Quels sont les plats que vous préférez?
J'aime:

Les œufs sur le plat.	Fried eggs.
Les pommes de terre frites.	Fried potatoes.
Le poisson frit.	Fried fish.
La purée de pommes de terre.	Mashed potatoes.
Les côtelettes de porc.	Pork chops.
Les côtelettes de veau.	Veal chops.
Les biftecks.	Beefsteaks.
Le poulet.	Chicken.
Le canard aux pommes.	Roast duck with apple.

Casser (to break)

Present

je casse	nous cassons
tu casses	vous cassez
il, elle casse	ils, elles cassent

Past Indefinite

j'ai cassé	nous avons cassé
tu as cassé	vous avez cassé
il, elle a cassé	ils, elles ont cassé

Cuire (to cook)

Present

je cuis	nous cuisons
tu cuis	vous cuisez
il, elle cuit	ils, elles cuisent

143

Past Indefinite

j'ai cuit	nous avons cuit
tu as cuit	vous avez cuit
il, elle a cuit	ils, elles ont cuit

Attendre (to wait)

Present

j'attends	nous attendons
tu attends	vous attendez
il, elle attend	ils, elles attendent

Past Indefinite

j'ai attendu	nous avons attendu
tu as attendu	vous avez attendu
il, elle a attendu	ils, elles ont attendu

L'HÔPITAL

Où travaille le docteur?
Le docteur travaille à l'hôpital.

Quelles personnes vont à l'hôpital?
Les malades vont à l'hôpital.

Qui examine les malades?
Le docteur examine les malades, diagnostique leurs
　maladies et leur donne une prescription.

Que fait le malade avec la prescription?
Le malade va à la pharmacie. Dans la pharmacie on
　vend des bouteilles de médicaments, des cachets, des
　bandages, etc.

Est-ce que le docteur guérit les malades?
Oui, le docteur guérit les malades.

Est-ce que le docteur guérit tous les malades avec des
　médicaments?
Non, par exemple, le docteur guérit un malade qui a
　l'appendicite par une opération.

Avez-vous besoin d'une opération?
Non, je n'ai pas besoin d'opération.

Où est-ce que le docteur opère?
Le docteur opère dans la salle d'opération.

Qui prend la température des malades?
L'infirmière prend la température des malades.

Est-ce que l'infirmière est un homme ou une femme?
L'infirmière est une femme.

Avec quoi est-ce que l'infirmière prend la température
   des malades?
L'infirmière prend la température des malades avec
   un thermomètre.

Quelle est la température normale d'une personne?
La température normale d'une personne est 98.6
   (quatre-vingt-dix-huit, six) degrés Fahrenheit.

Quand est-ce qu'une personne a de la fièvre?
Une personne a de la fièvre quand sa température est
   plus que 98.6.

Quelle maladie affecte le nez?
Le rhume affecte le nez.

Avez-vous un rhume?
Non, je n'ai pas de rhume.

Quel est le médicament que beaucoup de personnes
   prennent quand elles ont un rhume?
Beaucoup de personnes prennent de l'aspirine quand
   elles ont un rhume.

Êtes-vous malade?
Non, je ne suis pas malade. Au contraire, je suis en
   excellente santé.

Comment allez-vous?
Très bien. merci.

Maladies

rhume	rheumatisme
grippe	appendicite
pneumonie	fièvre jaune

Une Visite Chez le Docteur

Le Docteur: Bonjour, Monsieur. Comment allez-vous?

Le Malade: Bonjour, Docteur. Je ne me sens pas très bien.

Le Docteur: Qu'est-ce que vous avez?

Le Malade: J'ai un peu de fièvre, mal à la gorge, et je tousse.

Le Docteur: Je vais vous examiner.

Le Malade: Voulez-vous que je me déshabille?

Le Docteur: Non, enlevez seulement votre chemise et couchez-vous sur la table.

(Le Docteur examine le malade.)

Le Docteur: Montrez-moi votre langue. Dites "Ha". Vous avez un petit rhume. Rentrez chez vous et allez vous coucher. Prenez un de ces cachets toutes les trois heures. Revenez me voir dans trois jours.

Le Malade: Merci beaucoup. Au revoir, Docteur.

Le Docteur: Au revoir, Monsieur.

Guérir (to cure)

Present	Past Indefinite
je guéris	j'ai guéri
tu guéris	tu as guéri
il guérit	il a guéri
nous guérissons	nous avons guéri
vous guérissez	vous avez guéri
ils guérissent	ils ont guéri

QUARANTE-HUITIÈME LEÇON

48

LE MAGASIN

la boîte de
tomates   la bouteille
de lait

le paquet

Qu'est-ce qu'un magasin?
Un magasin est un établissement commercial où l'on
  vend des marchandises.

Quel jour faites-vous vos achats?
Je fais mes achats le samedi après-midi.

Qu'est-ce que vous achetez?
Cela dépend. De temps en temps, je dois acheter des
  vêtements mais en général j'achète de la nourriture
  et des articles pour la maison.

Qu'est-ce que vous avez acheté samedi dernier?
Samedi dernier, j'ai acheté une paire de chaussures,
  un chapeau, une robe et deux paires de chaussettes.

Où avez-vous acheté votre robe?
J'ai acheté ma robe dans un grand magasin.

Qui vous a vendu la robe?
La vendeuse (masc: vendeur) m'a vendu la robe.

Est-ce qu'elle a fait un paquet?
Oui, elle l'a emballée dans un papier et l'a attachée
    avec une ficelle.

Qu'avez-vous fait quand vous êtes sortie du magasin?
Je suis allée chez l'épicier.

Que signifie *chez l'épicier?*
Chez l'épicier signifie *dans l'épicerie.*

Que signifie *chez le boulanger?*
Chez le boulanger signifie *dans la boulangerie.*

Qu'est-ce que vous avez acheté chez l'épicier?
J'ai acheté une boîte de thé, une bouteille de lait et un
    pot de mayonnaise.

Est-ce que le thé est très cher?
Non, le thé n'est pas très cher.

Que signifie *cher?*
Cher signifie un prix élevé.

Quel est le contraire de *cher?*
Le contraire de *cher* est *bon marché.* Un article bon
    marché ne coûte pas beaucoup.

Est-ce que vous avez apporté vous-même tous ces pro-
    duits chez vous?
Non, l'épicier me les a envoyés.

Qui les a apportés?
Le garçon qui travaille à l'épicerie me les a apportés.

Qu'est-ce que vous avez donné au garçon?
J'ai donné un pourboire au garçon.

Qu'est-ce qu'un pourboire?
Un pourboire est une somme d'argent que l'on donne
    à une personne qui vous rend service.

Quel est le contraire de *donner*?
Le contraire de *donner* est *recevoir*.

Donner (to give)

Present	*Past indefinite*
je donne	j'ai donné
tu donnes	tu as donné
il donne	il a donné
nous donnons	nous avons donné
vous donnez	vous avez donné
ils donnent	ils ont donné

Apporter (to bring)

Present	*Past indefinite*
j'apporte	j'ai apporté
tu apportes	tu as apporté
il, elle apporte	il a apporté
nous apportons	nous avons apporté
vous apportez	vous avez apporté
ils, elles apportent	ils, elles ont apporté

Note: Study *Irregular Verbs* in Grammar Section
No. 9, p. 173.

IDIOMATIC EXPRESSIONS

Comment allez-vous? How are you?

Très bien, merci. Very well, thank you.

S'il vous plaît. Please.

Merci. Thank you.

Enchanté. Expression used upon being introduced to someone. Equivalent to "How do you do?"

Bonjour. Good morning.

Bonsoir. Good evening, or good night.

Au revoir. Good-by.

Pouvez-vous . . . ? Can you . . . ?

    Ex.: Pouvez-vous manger avec moi? Can you eat with me?

Voulez-vous . . . ? Would you like to . . . ?

    Ex.: Voulez-vous aller au théâtre ce soir? Would you like to go to the theater tonight?

Encore. Again.

Pas encore. Not yet.

Tout de suite. Right away.

Tout le monde. Everybody.

Garçon! Waiter!

L'addition s'il vous plaît. Check, please.

J'ai faim. I am hungry.

J'ai froid. I am cold.

J'ai chaud. I am hot.

J'ai peur. I am afraid.

J'ai sommeil. I am sleepy.

J'ai soif. I am thirsty.

J'ai envie de, plus infinitive. I want to . . .

J'espère. I hope.

Je crois. I think.

Je viens de . . . Used with an infinitive means "I have just . . ."

Je viens de finir. I have just finished.

Je viens de manger. I have just eaten.

Je suis pressé. I am in a hurry.

Quel âge avez-vous? How old are you?

J'ai seize ans. I am sixteen.

Il fait mauvais. It's a bad day (bad weather)

Il fait froid. It is cold.

Il fait chaud. It is hot.

Il fait beau. It's a nice day (nice weather).

Il neige. It is snowing.

Il pleut. It is raining.

Il y a une heure. An hour ago.

Il y a un an. A year ago.

Quelle heure est-il? What time is it?

Il y a longtemps. A long time ago.

Il y a peu de temps. A while ago.

Personne. No one, nobody.

Vraiment. Really.

Faire des achats. To shop, to go shopping.

Vous avez raison. You are right.

A bientôt. See you soon.

Asseyez-vous. Sit down.

Moi aussi. I too.

Bien sûr. Of course.

Cela vaut la peine. It's worth the trouble.

Mieux vaut tard que jamais. Better late than never.

Avoir de la chance. To be lucky.

Vous nous manquez. We miss you.

En tout cas. In any case, anyway.

N'importe quand. It doesn't matter when, or anytime.

En train de . . . Used with any infinitive means "in the act of . . ."

Je suis en train de manger. I am eating.

Je suis en train de chanter. I am singing.

EN VOYAGE

D'après Guy de Maupassant

C'était une Russe, la comtesse Marie Baranow, une très grande dame, d'une exquise beauté. Vous savez comme les Russes sont belles, avec leur nez fin, leur bouche délicate, leurs yeux d'une indéfinissable couleur, d'un bleu gris, et leur grâce froide, un peu dure! Elles ont quelque chose de méchant et de séduisant, d'altier et de doux, de tendre et de sévère, tout à fait charmant pour un Français. C'est peut-être seulement la différence de race et de type qui me fait voir tant de choses en elles.

Son médecin, depuis plusieurs années, la voyait menacée d'une maladie de poumon et tâchait de la décider à venir dans le midi de la France; mais elle refusait obstinément de quitter Pétersbourg. Enfin l'automne dernier, la jugeant perdue, le docteur prévint le mari qui ordonna à sa femme de partir pour Menton immédiatement.

Elle prit le train; elle était seule dans son compartiment, ses gens de service occupant un autre compartiment. Elle restait contre la porte, un peu triste, regardant passer les campagnes et les villages, se sentant bien isolée, bien abandonnée dans la vie, sans enfants, sans parents, avec un mari dont l'amour était mort et qui l'envoyait au bout du monde sans venir avec elle, comme on envoie à l'hôpital un valet malade.

À chaque station, son serviteur Ivan venait s'informer si elle avait besoin de quelque chose. C'était un vieux domestique, très dévoué, prêt à accomplir tous les ordres qu'elle lui donnerait.

La nuit tomba, le train allait à toute vitesse. Elle ne pouvait dormir, énervée à l'excès. Soudain elle pensa à compter l'argent que son mari lui avait remis à la dernière minute, en or de France. Elle ouvrit son petit sac et vida sur ses genoux toutes les pièces d'or.

Mais soudain un souffle d'air froid lui frappa le visage. Surprise, elle leva la tête et vit la porte ouverte. La comtesse Marie, éperdue, jeta brusquement un châle sur son argent qui était sur sa robe et attendit. Après quelques secondes un homme apparut sans chapeau, blessé à la main, en costume de soirée. Il referma la porte, s'assit, regarda la comtesse avec des yeux brillants, puis enveloppa d'un mouchoir son poignet couvert de sang.

La jeune femme se sentait défaillir de peur. Cet homme probablement l'avait vue compter son or, et il était venu pour la voler et la tuer.

Il la regardait toujours, le visage convulsé.

Il dit brusquement:

—Madame, n'ayez pas peur!

Elle ne répondit rien, incapable d'ouvrir la bouche, entendant son cœur battre.

Il dit encore:

—Je ne suis pas un malfaiteur, madame.

Elle ne disait toujours rien, mais, dans un brusque mouvement son or tomba sur le tapis.

L'homme, surpris, regardait cet argent et il commença à le ramasser.

Elle, éperdue, se leva, jetant à terre toute sa fortune, et elle courut à la porte pour se précipiter du train. Mais il comprit ce qu'elle allait faire, la saisit dans ses bras, la força à s'asseoir et la maintenant par les poignets:

—Écoutez-moi, madame, je ne suis pas un malfaiteur et, la preuve, c'est que je vais ramasser cet argent et vous le donner. Mais je suis un homme perdu, un homme mort, si vous ne m'aidez à passer la frontière. Je ne puis vous en dire plus. Dans une heure, nous serons à la dernière station russe; dans une heure vingt, nous passerons la limite de l'Empire. Si vous ne m'aidez pas, je suis perdu. Et cependant, madame, je n'ai ni tué, ni volé, ni rien fait de contraire à l'honneur. Je vous le jure. Je ne puis vous en dire plus.

Et, se mettant à genoux, il remassa tout l'or. Puis, quand le petit sac fut plein, il le donna à la comtesse sans dire un mot de plus, et il retourna s'asseoir à l'autre coin du compartiment.

Elle était immobile et muette, encore défaillante de terreur, mais se calmant peu à peu. Il ne faisait pas un geste, pas un mouvement; il restait droit, les yeux fixés devant lui, très pâle, comme un mort. De temps en temps elle le regardait. C'était un homme de trente ans, très beau, avec toute l'apparence d'un gentilhomme.

Le train courait dans la nuit à toute vitesse. Mais soudain il se calma, siffla plusieurs fois et s'arrêta.

Ivan apparut à la porte pour prendre les ordres.

La comtesse Marie, la voix tremblante, considéra une dernière fois son étrange compagnon, puis elle dit à son serviteur, d'une voix brusque:

—Ivan, tu vas retourner chez le comte, je n'ai plus besoin de toi.

L'homme, surpris, ouvrait des yeux énormes. Il dit:

—Mais . . . madame . . .

Elle dit encore:

—Non, tu ne viendras pas, j'ai changé d'idée. Je veux que tu restes en Russie. Voici de l'argent pour retourner. Donne-moi ton bonnet et ton manteau.

Le vieux domestique donna son chapeau et son manteau et partit.

Le train repartit, courant à la frontière.

Alors la comtesse Marie dit à l'homme:

—Ces choses sont pour vous, monsieur, vous êtes Ivan, mon serviteur, mais à une condition. Ne me parlez jamais, pas un mot, pas de remercîments, rien.

L'homme s'inclina sans prononcer un mot.

Bientôt on s'arrêta de nouveau et des fonctionnaires en uniforme visitèrent le train. La comtesse leur donna les papiers et, montrant l'homme assis dans le coin:

—C'est mon domestique Ivan, dont voici le passeport.

Le train repartit.

Pendant toute la nuit, ils restèrent en tête-à-tête, muets tous deux.

Le matin, le train s'arrêta dans une ville allemande, l'homme descendit:

—Pardonnez-moi, madame, de rompre ma promesse; mais je vous ai privée de votre domestique, il est juste que je le remplace. N'avez-vous besoin de rien?

Elle répondit froidement:

—Allez chercher ma femme de chambre.

Il la chercha. Puis il partit.

Quand elle descendait de temps en temps, elle l'apercevait qui la regardait. Ils arrivèrent à Menton.

Le docteur se tut une seconde, puis reprit:

—Un jour, comme je recevais mes clients dans mon cabinet, je vis entrer un grand garçon qui me dit:

—Docteur, je viens vous demander des nouvelles de la comtesse Marie Baranow. Je suis un ami de son mari mais elle ne me connaît pas.

Je répondis:

—Elle est perdue, elle ne retournera pas en Russie.

Et cet homme brusquement commença à pleurer. Puis il se leva et sortit.

Je dis le soir même à la comtesse qu'un étranger était venu m'interroger sur sa santé. Elle parut émue et me raconta toute l'histoire que je viens de vous dire. Elle ajouta:

—Cet homme que je ne connais pas me suit maintenant comme mon ombre, je le rencontre chaque fois que je sors; il me regarde d'une étrange façon, mais il ne m'a jamais parlé. Elle réfléchit, puis ajouta:

—Je suis certaine qu'il est sous mes fenêtres.

Elle quitta sa chaise longue, alla ouvrir les rideaux et me montra en effet l'homme qui était venu me voir, assis sur un banc de la promenade, les yeux levés vers l'hôtel. Il nous vit, se leva et partit sans retourner une fois la tête.

Alors, j'assistai à une chose surprenante et douloureuse, à l'amour muet de ces deux êtres qui ne se connaissaient pas.

Il l'aimait, avec le dévouement d'une bête sauvée, dévouée à la mort. Il venait chaque jour me dire:

—Comment va-t-elle?

Et il pleurait quand il la voyait passer plus faible et plus pâle chaque jour.

Elle me dit:

—Je n'ai parlé qu'une fois, à cet homme, et il me semble que je le connais depuis vingt ans.

Et quand ils se rencontraient, elle répondait à son salut avec un sourire grave et charmant. Je sentais qu'elle était heureuse d'être aimée ainsi, avec ce respect et cette constance, avec cette poèsie exagérée, avec ce dévouement sans limite. Mais, fidèle à son obstination d'exaltée, elle refusait désespérément de le recevoir, de connaître son nom, de lui parler. Elle disait:—Non, non, cela me gâterait cette étrange amitié. Il faut que nous restions étrangers l'un à l'autre.

Quant à lui, il voulait tenir jusqu'à la fin l'absurde promesse de ne lui jamais parler, qu'il avait faite dans le train.

Souvent, pendant ses longues heures de faiblesse, elle se levait de sa chaise longue et allait ouvrir son rideau pour regarder s'il était là, sous sa fenêtre. Et quand elle l'avait vu toujours immobile sur son banc, elle revenait se coucher avec un sourire aux lèvres.

Elle mourut un matin. Comme je sortais de l'hôtel, il vint à moi, le visage triste; il savait déjà la nouvelle.

—Je voudrais la voir une seconde, dit-il.

Je lui pris le bras et rentrai dans la maison.

Quand il fut devant le lit de la morte, il lui saisit la main et la baisa d'un interminable baiser, puis il partit comme un insensé.

Et, termina le docteur, voilà la plus étrange aventure que je connaisse.

GRAMMAR SECTION

1. REGULAR VERB CHARTS

Add the following endings to the stem of the verb:

	er		ir		re	
Present:	e	ons	is	issons	s	ons
	es	ez	is	issez	s	ez
	e	ent	it	issent	t	ent

	er		ir		
Imperfect:	ais	ions	issais	issions	
	ais	iez	issais	issiez	same as *er*
	ait	aient	issait	issaient	

Note that *ir* endings of imperfect tense are like *er* and *re* endings except that they are preceded by *iss*.

	er		ir		
Past Definite:	ai	âmes	is	îmes	
	as	âtes	is	îtes	same as *ir*
	a	èrent	it	irent	

The past definite is used in a narrative to denote a past event. It is largely confined to literary French and not used much in conversation.

Future:

Add the following endings to the complete infinitive:

	er		ir	re
	ai	ons		Drop *e* and add
	as	ez	same as *er*	same endings as
	a	ont		for *er* verbs

161

Past Indefinite:

Avoir

J'ai
tu as
il, elle a
nous avons
vous avez
ils, elles ont

Add the following endings to the stem:

er	*ir*	*re*
é	i	u

Être

je suis
tu es
il, elle est
nous sommes
vous êtes
ils, elles sont

Same as above but agreeing in gender and number with the subject.

Imperative:	*er*	*ir*	*re*
corresponds to *tu*	e	is	s
corresponds to *nous*	ons	issons	ons
corresponds to *vous*	ez	issez	ez

Explanations and examples of these tenses are to be found:

Present tense —Er verbs, Lesson 9, page 18
                  Re verbs, Lesson 10, page 24
                  Ir verbs, Lesson 14, page 36
Imperfect tense —Grammar Section No. 14, page 184
Future —Grammar Section No. 12, page 181
Past Indefinite —With *Avoir,* Lesson 39, page 116
                  With *Être,* Lesson 40, page 120
Imperative —Grammar Section No. 13, page 182

The best way to learn verbs is to write them in full in the different tenses.

Write the following verbs in the present, past indefinite, imperfect, and future tenses:

LIST OF REGULAR VERBS

acheter	— to buy
aider	— to help
aimer	— to like, to love
apporter	— to bring
*arriver	— to arrive
*baigner	— to bathe (reflexive)
*brosser	— to brush (reflexive)
casser	— to break
chercher	— to look for
chanter	— to sing
*coiffer	— to comb (reflexive)
*coucher	— to go to bed (reflexive)
couper	— to cut
danser	— to dance
déjeuner	— to have lunch
demander	— to ask
*déshabiller	— to undress (reflexive)
dîner	— to dine
donner	— to give
écouter	— to listen
*entrer	— to enter
étudier	— to study
fermer	— to close, to shut
inviter	— to invite

*laver	— to wash (reflexive)
marcher	— to walk
montrer	— to show
obéir	— to obey
parler	— to speak
passer	— to pass, to spend (time)
*peigner	— to comb (reflexive)
penser	— to think
porter	— to wear, to carry
préparer	— to prepare
quitter	— to leave
regarder	— to look at
repasser	— to iron
*reposer	— to rest (reflexive)
*rester	— to stay, to remain
rougir	— to blush
*sécher	— to dry (reflexive)
travailler	— to work
voyager	— to travel

* Verbs that take *être* in the past indefinite.

2. ARTICLES

1. Definite Articles

The definite article must agree with the noun in gender and number. The forms of the definite article are:

the
{
le —masculine singular
la —feminine singular
les —masculine and feminine plural
}

Examples: le chat (the cat), les chats (the cats)
     la table (the table), les tables (the tables)

2. Indefinite Articles

   a, an   { un — masculine singular
         une — feminine singular

Examples: un chat (a cat)
     une rose (a rose)
     un animal (an animal)
     une heure (an hour)

Des is the plural of *un* and *une*.

Example: J'ai vu des étoiles dans le ciel.
    I saw stars in the sky.

In this case, *des* has no English equivalent.

Sometimes *des* means *some*:

Example: Nous avons mangé des poires hier soir.
    We ate some pears last night.

3. ADJECTIVES

A) As a general rule, adjectives are placed after the nouns.

Examples: Le chat noir. The black cat.
     La fleur blanche. The white flower.
     Un homme intéressant. An interesting man.

There are, however, many exceptions to this rule. Following is a partial list of adjectives that almost always precede the noun.

beautiful	beau, joli
ugly	vilain
young	jeune
old	vieux (masc.), vieille (fem.)
good	bon
bad	mauvais
big	grand
small, little	petit
dear	cher

Examples: Un cher ami. A dear friend.
Un petit enfant. A little child.
Un beau chapeau. A pretty hat.
Un grand chien. A big dog.

B) Adjectives must agree with nouns in gender and number.

Masculine	*Feminine*
Singular:	
Le joli chien.	La jolie femme.
The pretty dog.	The pretty woman
Le grand garçon.	La grande fille.
The big boy.	The big girl.
Le chat noir.	La robe noire.
The black cat.	The black dress.

Plural:

Les jolis chiens.	Les jolies femmes.
The pretty dogs.	The pretty women.
Les grands garçons.	Les grandes filles.
The big boys.	The big girls.
Les chats noirs.	Les robes noires.
The black cats.	The black dresses.

Note: In most cases, the feminine adjective is formed by adding *e* to the masculine form.

4. POSSESSIVE ADJECTIVES

In French, the possessive adjectives agree in gender and number with the noun denoting the object possessed.

	Masculine Singular	Feminine Singular	Masc. & Fem. Plural
my	mon	ma	mes
your (intimate)	ton	ta	tes
his, her	son	sa	ses
our	notre	notre	nos
your (polite)	votre	votre	vos
their	leur	leur	leurs

Examples:

his leg: sa jambe   (Note that *sa* is feminine because *jambe* is feminine.)

her leg: sa jambe

his hat: son chapeau   (Note that *son* is masculine because *chapeau* is masculine.)

her hat: son chapeau

Note: The feminine form is replaced by the masculine form when the noun denoting the object possessed begins with a vowel.

Example: My ink: *mon encre,* instead of *ma encre.*

5. GENDER

In French, all nouns are either masculine or feminine. Nouns that have the following endings are feminine:

> be, ce, de, fe, he, ne, pe, se, te, té, ve
> ion, aison, rre, lle, ie, ié, és, ue
> ale, ole, ule, ure, ère, eur.

All other nouns are masculine
This applies to about 95% of all French nouns.

It is very useful to learn nouns in groups whenever possible. This helps you to remember the gender as well as the similarity to the English word.

Nouns that end in *ion* in English also end in *ion* in French and are feminine.

Examples: la conversation, la destruction, l'attention, l'invasion, la composition, la définition, l'éducation, l'instruction, la nation, l'action, la relation, la direction.

Note: Nouns that end in *ion* have the same meaning in French and in English and, with few exceptions, the same spelling.

Nouns that end in *ty* in English, end in *té* in French and are feminine.

Examples: la liberté, l'égalité, la fraternité, l'human-
ité, l'adversité, l'université, la calamité, la
facilité, la beauté, la difficulté, la pos-
sibilité, l'infirmité.

Nouns that end in *or* in English end in *eur* in French
and ordinarily are feminine.

Examples:	
la stupeur	the stupor
la valeur	the valor
l'odeur	the odor
l'ardeur	the ardor
la paleur	the pallor
l'erreur	the error
l'horreur	the horror
la terreur	the terror
la candeur	the candor
la splendeur	the splendor

6. PLURALS

The plural of most French nouns and adjectives is
formed by adding *s* to the singular.

Singular	*Plural*
le piano	les pianos
la vache	les vaches
l'arbre	les arbres
l'homme	les hommes
blanc	blancs
grand	grands
petit	petits

1. Nouns and adjectives that end in *s, x,* or *z* remain unchanged in the plural.

Examples: *Singular*   *Plural*

le tapis	les tapis
heureux	heureux
le nez	les nez

2. Most nouns and adjectives ending in *al* change to *aux* in the plural.

Examples: *Singular*   *Plural*

le cheval	les chevaux
spécial	spéciaux
principal	principaux

3. The plural of nouns and adjectives ending in *eu* and *au,* and a few nouns ending in *ou,* is formed by adding *x.*

Examples: *Singular*   *Plural*

l'oiseau	les oiseaux
le chapeau	les chapeaux
le cheveu	les cheveux
le bijou	les bijoux

7. REFLEXIVE VERBS

Reflexive verbs are used in French to denote action that is directed back upon the subject. Example: *Je me lave.* (I wash myself.) It is helpful to remember that most of the reflexive verbs that are commonly used refer to a physical action directed back upon the subject.

List of reflexive verbs:

se peigner	je me peigne	I comb (myself)
se baigner	je me baigne	I bathe (myself)
se laver	je me lave	I wash (myself)
se sécher	je me sèche	I dry (myself)
se coucher	je me couche	I lie down (literally, I lie myself down)
se lever	je me lève	I get up (literally, I get myself up)
s'habiller	je m'habille	I dress (myself)

Se baigner

je me baigne	nous nous baignons
tu te baignes	vous vous baignez
il, elle se baigne	ils, elles se baignent

Note that the pronouns precede the verb in all cases, except in the interrogative form and in the imperative.

Examples: Vous baignez-vous?
Baignez-vous.

8. ACCENTS AND APOSTROPHES

Accents

In French accents are used to indicate the sound of a vowel. The only exception to this rule occurs when an

171

accent is used to distinguish one word from another (see below).

.

There are three kinds of accents in French:

1. The acute accent (′) used only over *e* (été).
2. The grave accent (`) generally used over *e* (père).

Sometimes the accent grave does not change the sound of the vowel but is used merely to distinguish one word from another having the same spelling but different meaning.

Examples: *a* meaning *has* and *à* meaning *at* or *to*
ou meaning *or* and *où* meaning *where*
la meaning *the* and *là* meaning *there*

3. The circumflex accent (^) is used over all vowels except *y*.

Examples: tête, château, hôte

For pronunciation of vowels with accents see "Key to Pronunciation" on page xiii.
In French the spoken accent usually falls on the last syllable.

Apostrophe

In French the apostrophe indicates the omission of a vowel.

Examples: l'arbre, j'arrive, je n'ai pas, je m'amuse.

Use of Apostrophe with Articles

When *le* or *la* precede a word beginning with a vowel or a silent *h*, the article becomes *l'*.

Examples: L'oiseau est dans l'arbre. The bird is in the tree.
L'homme est ici. The man is here.
L'orange est grosse. The orange is large.

When *au, du,* and *de la* precede a word beginning with a vowel or a silent *h*, they become:

à l' (au)
de l' (du, de la)

Examples: Je viens de l'opéra. I come from the opera.
Donnez-moi de l'eau chaude. Give me some hot water.
Je vais à l'hôpital. I am going to the hospital.

9. IRREGULAR VERBS

Aller (to go)   Past Participle: allé (gone)
Use with *être* in the Past Indefinite.

Present	Imperfect	Future
je vais		j'irais
tu vas		tu iras
il va	regular	il ira
nous allons		nous irons
vous allez		vous irez
ils vont		ils iront

Avoir (to have)   Past Part.: eu (had)

Present	Imperfect	Future
j'ai	j'avais	j'aurai
tu as	tu avais	tu auras
il as	il avait	il aura
nous avons	nous avions	nous aurons
vous avez	vous aviez	vous aurez
ils ont	ils avaient	ils auront

Boire (to drink)   Past Part.: bu (drunk)

Present	Imperfect	Future
je bois	je buvais	
tu bois	tu buvais	
il boit	il buvait	regular
nous buvons	nous buvions	
vous buvez	vous buviez	
ils boivent	ils buvaient	

Connaître (to know)   Past Part.: connu (known)

Present	Imperfect	Future
je connais	je connaissais	
tu connais	tu connaissais	
il connaît	il connaissait	regular
nous connaissons	nous connaissions	
vous connaissez	vous connaissiez	
ils connaissent	ils connaissaient	

Croire (to believe)   Past Part.: cru (believed)

Present	Imperfect	Future
je crois	je croyais	
tu crois	tu croyais	
il croit	il croyait	regular
nous croyons	nous croyions	
vous croyez	vous croyiez	
ils croient	ils croyaient	

Dire (to say)   Past Part.: dit (said)

Present	Imperfect	Future
je dis	je disais	
tu dis	tu disais	
il dit	il disait	regular
nous disons	nous disions	
vous dites	vous disiez	
ils disent	ils disaient	

Dormir (to sleep) Past Part.: dormi (slept)

Present	Imperfect	Future
je dors	je dormais	
tu dors	tu dormais	
il dort	il dormait	regular
nous dormons	nous dormions	
vous dormez	vous dormiez	
ils dorment	ils dormaient	

Like dormir: *sortir,* to go out; *sentir,* to smell, to feel; *servir,* to serve; *partir,* to depart, to leave, to go away.

Sortir and *partir* are used with être in the Past Indefinite.

Écrire (to write)   Past Part.: écrit (written)

Present	Imperfect	Future
j'écris	j'écrivais	
tu écris	tu écrivais	
il écrit	il écrivait	regular
nous écrivons	nous écrivions	
vous écrivez	vous écriviez	
ils écrivent	ils écrivaient	

Être (to be)   Past Part.: été (been)

Present	Imperfect	Future
je suis		je serai
tu es		tu seras
il est	regular	il sera
nous sommes	except for	nous serons
vous êtes	the accent	vous serez
ils sont		ils seront

Faire (to do, to make)   Past Part.: fait (done, made)

Present	Imperfect	Future
je fais	je faisais	je ferai
tu fais	tu faisais	tu feras
il fait	il faisait	il fera
nous faisons	nous faisions	nous ferons
vous faites	vous faisiez	vous ferez
ils font	ils faisaient	ils feront

Lire (to read)   Past Part.: lu (read)

Present	Imperfect	Future
je lis	je lisais	
tu lis	tu lisais	
il lit	il lisait	regular
nous lisons	nous lisions	
vous lisez	vous lisiez	
ils lisent	ils lisaient	

Mettre (to put)   Past Part.: mis (put)

Present	Imperfect	Future
je mets		
tu mets		
il met	regular	regular
nous mettons		
vous mettez		
ils mettent		

Partir (to depart, to leave, to go away)
    See dormir (use with *être* in the Past Indefinite)

Prendre (to take) Past Part.: pris (taken)

Present	Imperfect	Future
je prends	je prenais	
tu prends	tu prenais	
il prend	il prenait	regular
nous prenons	nous prenions	
vous prenez	vous preniez	
ils prennent	ils prenaient	

Recevoir (to receive) Past Part.: reçu (received)

Present	*Imperfect*	*Future*
je reçois	je recevais	je recevrai
tu reçois	tu recevais	tu recevras
il reçoit	il recevait	il recevra
nous recevons	nous recevions	nous recevrons
vous recevez	vous receviez	vous recevrez
ils reçoivent	ils recevaient	ils recevront

Sentir (to smell, to feel)   see *dormir*

Servir (to serve)   see *dormir*

Sortir (to go out)   see *dormir*   (use with *être* in Past Indefinite)

Vendre (to sell)   Irregular only in the third person singular of the Present Indicative where it drops the *t*: Il vend (*t* omitted). See Lesson 10, p. 25.

Like vendre: All verbs that end in —andre, —endre,* —erdre, —ondre, —ordre.

* Except prendre, reprendre, surprendre, etc.

Venir (to come)   Past Part.: venu (came)
(Use with être in the Past Indefinite)

Present	*Imperfect*	*Future*
je viens	je venais	je viendrai
tu viens	tu venais	tu viendras
il vient	il venait	il viendra
nous venons	nous venions	nous viendrons
vous venez	vous veniez	vous viendrez
ils viennent	ils venaient	ils viendront

Voir (to see)   Past Part.: vu (seen)

Present	Imperfect	Future
je vois	je voyais	je verrai
tu vois	tu voyais	tu verras
il voit	il voyait	il verra
nous voyons	nous voyions	nous verrons
vous voyez	vous voyiez	vous verrez
ils voient	ils voyaient	ils verront

10. CONTRACTIONS

		Contraction of
singular:	au (at the, to the)	à le
plural:	aux (at the, to the)	à les
singular:	du (of the, from the)	de le
plural:	des (of the, from the)	de les

Examples: Je suis au théâtre. I am at the theater.

Je vais au théâtre. I am going to the theater.

Je vais aux concerts de l'orchestre symphonique. I am going to the concerts of the symphony orchestra.

Elle est la secrétaire du Président. She is the secretary of the President (or, the President's secretary).

Il vient du Sud. He comes from the South.

Il vient des Alpes. He comes from the Alps.

179

Note: *Some* is expressed in several ways in French.

Some
{
du (masc. sing.) contraction of *de le*
de la (fem. sing.)
des (masc. & fem. pl.) contraction of *de les*
}

Examples: J'ai du sucre. I have some sugar.

Donnez-moi de la viande. Give me some meat.

Donnez-moi des crayons. Give me some pencils.

Donnez-moi des pommes de terre. Give me some potatoes.

11. SAVOIR AND CONNAÎTRE

In French there are two verbs that mean *to know*: *savoir* and *connaître*. *Savoir* is used to indicate the knowledge of something acquired by study or learning.

Example: Je sais danser. I know how to dance.

Je sais conduire. I know how to drive.

Note that *je sais* in the above sentences is translated as *I know* HOW.

Connaître is used to express acquaintance with a person or thing.

Example: Je connais la danseuse. I know the dancer.

Je connais bien Paris. I know Paris well.

For conjugation of *savoir,* see page 113; for *connaître,* see page 174.

12. FUTURE

The future is expressed in two ways in French:

A. By use of the future tense.
B. By use of the present tense of the verb *aller*, plus the infinitive.

A. Future Tense
Er and *Ir* verbs:

The future tense is formed by adding the following endings to the *complete infinitive* of *er* and *ir* verbs:

je	— ai	nous	— ons
tu	— as	vous	— ez
il, elle	— a	ils, elles	— ont

Example: Parler

je parlerai	nous parlerons
tu parleras	vous parlerez
il, elle parlera	ils, elles parleront

Finir

je finirai	nous finirons
tu finiras	vous finirez
il, elle finira	ils, elles finiront

Re verbs:

The future tense of *re* verbs is formed by dropping the *e* and adding the future tense endings.

Example: Vivre

je vivrai	nous vivrons
tu vivras	vous vivrez
il, elle vivra	ils, elles vivront

Oir verbs:

The future tense of verbs ending in *oir* is formed dropping *oi* and adding the future tense endings.

Example: Recevoir

je recevrai	nous recevrons
tu recevras	vous recevrez
il, elle recevra	ils, elles recevront

B. This form is not a future tense but an idiomatic way of expressing the future.

In English we often say *I am going to dance* instead of *I shall dance*. In French we express the future in the same way by saying *Je vais danser* instead of *Je danserai*.

Examples:

Je vais étudier.	I am going to study.
Tu vas chanter.	You are going to sing.
Il va manger.	He is going to eat.
Nous allons lire.	We are going to read.
Vous allez nager.	You are going to swim.
Ils vont travailler.	They are going to work.

Both of these forms of expressing the future are correct and interchangeable, but the second form (*aller* plus the infinitive) is used more than the first in conversation.

13. IMPERATIVE

The imperative is used to express command. Example: *Finissez ce travail.* (Finish this work.) *Fermez la*

182

porte. (Close the door.) The imperative is like the present tense (indicative) with one exception. In the imperative the second person (familiar) of *er* verbs ends in *e* instead of *es*.

The present tense (indicative) and the imperative are presented here for comparison.

	Present tense (indicative)	*Imperative*
Danser	tu danses	danse
	nous dansons	dansons
	vous dansez	dansez
Finir	tu finis	finis
	nous finissons	finissons
	vous finissez	finissez
Vendre	tu vends	vends
	nous vendons	vendons
	vous vendez	vendez

Note that the imperative does not use a subject.

Imperative Endings (add to stem of verb)

er	*ir*	*re*
e	is	s
ons	issons	ons
ez	issez	ez

Sentences to illustrate the use of the imperative:

Mangez bien. Eat well.
Allez au théâtre avec elle. Go to the theater with her.

Allons au cinéma. Let us go to the movies.

Écrivons la lettre maintenant. Let us write the letter now.

Finissons la leçon. Let us finish the lesson.

14. IMPERFECT TENSE

The imperfect tense is used to express continuous or repeated action in the past.

The terminations of the imperfect are alike in all verbs. However, the termination of *ir* verbs is preceded by *iss*.

je	— ais	nous	— ions
tu	— ais	vous	— iez
il, elle	— ait	ils, elles	— aient

Example: Marcher (to walk)

je marchais	nous marchions
tu marchais	vous marchiez
il, elle marchait	ils, elles marchaient

Finir (to finish)

je finissais	nous finissions
tu finissais	vous finissiez
il, elle finissait	ils, elles finissaient

Examples:

Je préparais ma leçon tous les soirs. (I used to prepare my lesson every night.)

Use of the imperfect (préparais) denotes action that was repeated over and over.

Quand j'habitais en France, j'avais beaucoup
d'amis. (When I lived in France, I had many
friends.)
Use of the imperfect (habitais and avais) denotes
continuous action in the past.

15. LIAISON

Liaison is the linking of words in pronunciation. This
linking occurs when a word ending in a consonant
(whether usually sounded or not) **is joined in pronunciation** to a word beginning with a vowel. Liaison
occurs only when the two words are logically con-
nected.

Examples: les élèves (pronounced as if it were one
word)

très agréable
chez elle
nos amis
bon ami

Liaison is necessary:

1. Between articles and common nouns:
   les élèves   les hommes
   un élève   un homme

2. Between adjectives and nouns:
   gros arbre   gros homme
   grand arbre   petit oiseau

3. Between pronouns and verbs:
   ils aiment   on aime
   nous allons   vient-il?

4. Between prepositions and their objects:

avec‿eux   pour‿elle
en‿argent   par‿exemple

5. With auxiliary verbs *être* and *avoir*:

Vous‿êtes‿ici.
Vous‿avez‿un livre.
Je suis‿ici.
Ils sont‿allés.

VOCABULARY

Note: The purpose of this vocabulary is to give the meaning of words as they appear in the text. No effort has been made to give a complete compilation.

A

a, has
à, at, to, in
abandonné, -e, abandoned
abondant, -e, abundant
absolument, absolutely
accomplir, to accomplish
achat, *m.* purchase
acheter, to buy
acide, acid, sour
acier, *m.* steel
actuel, -le, actual, present
affecte, affects
agent de police, *m.* policeman
agriculture, *f.* agriculture
ai, have
aider, to help
aiguille, *f.* needle, clock's hands
aimait, loved, liked
aime, like, likes, love, loves
aimé, -e. liked, loved
aimer, to like, to love
aimez, like, love
ainsi, thus, so
air, *m.* air
ajouta, added
alla, went
allait, was going

allemand, -e, German
aller, to go
allez, go
allons, let us go
  nous allons, we go
allumer, to light
alors, then
alphabet, *m.* alphabet
altier, haughty
ami, -e, friend
amitié, *f.* friendship
amour, *m.* love
an, *m.* year
ananas, *m.* pineapple
ancien, -ne, ancient, old
anglais, *m.* English
Angleterre, England
animal, *m.* animal
animaux, *m. (plural)* animals
anneau, *m.* ring
année, *f.* year
août, August
apercevait, perceived
appareil photographique, *m.* camera
apparence, *f.* appearance
apparut, appeared
appendicite, *f.* appendicitis
apporte, bring, brings
apporter, to bring

apprendre, to learn
apprennent, learn
après, after
après-midi, m. & f. afternoon
arbre, m. tree
architecte, m. architect
argent, m. money, silver
arrêta, stopped
arriver, to arrive
arrivèrent, arrived
artificiel, -le, artificial
asperge, f. asparagus
asseoir, to sit down
asseyez-vous, sit down
assez, enough
assiette, f. plate
assis, -e, seated
assistais, was present,
   attended
assit, sat
attacher, to tie
attendit, waited
attendre, to wait
au, m. at the, to the
aucun, -e, no, none
aujourd'hui, today
au revoir, good-by
aussi, also, too
auteur, m. author
autobus, m. bus
automne, m. autumn
aux, m. & f. (plural) at the,
   to the, in the
avait, had
avant, before
avec, with

avez-vous, have you
avion, m. airplane
avocat, m. lawyer
avoine, f. oats
avoir, to have
avril, April
ayez, have

B

baigner, to bathe
baignoire, f. bathtub
bain, m. bath
baisa, kissed
baiser, m. kiss
bal, m. dance, ball
banane, f. banana
banc, m. bench
banque, f. bank
barbe, f. beard
bas, m. stockings
bas, -se, low
bassine, f. basin, tub
bateau, m. ship, boat
bateaux à moteur, m. motor-
   boats
bateaux à voiles, m. sailboats
bâtiment, m. building
battre, to beat
beau, m. pretty, nice, handsome
beaucoup, many, much
beauté, f. beauty
beaux, (plural) pretty, nice,
   handsome
bébé, m. baby
belle, f. pretty, nice

besoin, *m*. need
bête, *f*. beast
beurre, *m*. butter
bibliothèque, *f*. library
bicyclette, *f*. bicycle
bien, well
bientôt, soon
bijou, *m*. jewel
bijouterie, *f*. jewelry shop,
   jewelry
bijoutier, *m*. jeweler
billet, *m*. ticket, bill
blanc, *m*. white
blanchisserie, *f*. laundry
blanchisseuse, *f*. washwoman
blé, *m*. wheat
blessé, -e, wounded
bleu, -e, blue
blond, -e, blonde
boire, to drink
bois, drink
bois, *m*. wood
   les bois, the woods
boîte, *f*. box, can
bon, -ne, good
bonbon, *m*. candy
bonjour, good morning
bonnet, *m*. cap
bouche, *f*. mouth
boucher, *m*. butcher
boucherie, *f*. butcher shop
bouillant, -e, boiling
bouillir, to boil
boulanger, -ère, baker
bout, *m*. end
bouteille, *f*. bottle

bras, *m*. arm
brique, *f*. brick
brosse, *f*. brush
   brosse à dents, *f*. tooth-
   brush
brosser, to brush
brun, -e, brown, brunette
brusquement, brusquely
bu, drunk
   j'ai bu, I drank
bulletin, *m*. bulletin
   bulletin d'informations,
   m. news bulletin
bureau, *m*. office
   bureau de tabac, *m*.
   tobacco shop
buvez, drink

C

cabinet, *m*. office
cachet, *m*. pill
café, *m*. coffee
cafetière, *f*. coffeepot
calma, calmed down
campagne, *f*. country
canard, *m*. duck
canari, *m*. canary
capitale, *f*. capital
carafe, *f*. pitcher
cardinal, cardinal
cardinaux, (*plural*) cardinal
carnivore, carnivorous
carottes, *f*. carrots
cas, *m*. case
casser, to break

189

casserole, *f.* casserole, pot, pan

ce, *m.* this

cela, this

cela dépend, it depends

célèbre, famous

céleri, *m.* celery

cent, a hundred

centime, *m.* cent

centre, *m.* center

cependant, however, nevertheless

céréale, *f.* cereal

certain, -e, certain

ces, these

c'est, it is

cet, *m.* this

cette, *f.* this

chacun, -e, each

chaise, *f.* chair

châle, *m.* shawl

chaleur, *f.* heat

chambre, *f.* room

    chambre à coucher *f.* bedroom

changé, changed

chanter, to sing

chapeau, *m.* hat

chapeaux, *m.* hats

chapellerie, *f.* hatshop

chaque, each, every

charmant, -e, charming

chat, *m.* cat

chaud, -e, hot

chaussette, *f.* sock

chausson, *m.* slipper

chaussure, *f.* shoe

chauve, bald

chemise, *f.* shirt

cher, expensive, dear

chercher, to look for

cheval, *m.* horse

chevaux-vapeur, horsepower

cheveux, *m.* (*plural*) hair

cheville, *f.* ankle

chez, at the house of, to the house of

    chez le boulanger, at or to the bakery

    chez vous, at or to your house

    chez moi, at or to my house

chien, *m.* dog

chocolat, *m.* chocolate

chose, *f.* thing

ciel, *m.* sky

cigare, *m.* cigar

cigarette, *f.* cigarette

ciment, *m.* cement

cinéma, *m.* movies

cinq, five

cinquante, fifty

cinquième, fifth

circonstance, *f.* circumstance

citron, *m.* lemon

classe, *f.* class

classique, classical

client, -e, customer, client

cochon, *m.* pig

cœur, *m.* heart

    par cœur, by heart

coiffer, to comb

coin, *m.* corner
col, *m.* collar
collier, *m.* necklace
combien, how much, how
   many
comédie, *f.* comedy
comme, how, like, as
commença, began
comment, how, what
compagnon, *m.* companion
compartiment, *m.* compart-
   ment
complet, -ète, complete
comprendre, to understand
compris, understood
compter, to count
comte, *m.* count
comtesse, *f.* countess
concert, *m.* concert
conduire, to drive
conduit, drives
conférence, *f.* lecture
confondre, to confuse
connais, know
connaissaient, knew
connaît, knows
connaître, to know
considéra, considered
considéré, -e, considered
constance, *f.* constancy
construire, to build
construit, builds
contient, contains
contraire, *m.* opposite, con-
   trary
contre, against

convulsé, -e, convulsed
corps, *m.* body
costume, *m.* suit, costume
côte, *f.* coast
côté, *m.* side
côtelette, *f.* chop
cou, *m.* neck
coucher, to go to bed, to lie
   down
   chambre à coucher, bed-
     room
coud, sews
coudre, to sew
couleur, *f.* color
coup
   tout à coup, suddenly
couper, to cut
coupez-vous, do you cut
courait, ran
courant, running
courir, to run
courrier, *m.* mail
court, -e, short
courut, ran
cousin, -e, cousin
couteau, *m.* knife
coûter, to cost
couvert, -e, covered
couvrir, to cover
cravate, *f.* tie
crayon, *m.* pencil
crème, *f.* cream
criminel, -le, criminal
crois
   je crois, I think, I believe
cuiller, *f.* spoon

cuire, to cook
cuisine, f. kitchen
cuisinier, m. cook
cuisinière, f. cook
cuit, cooks
cultiver, to cultivate

D

d'abord, first, at first
dans, in
danser, to dance
de, of, from, about
décembre, December
décider, to decide
défaillir, to feel faint
degré, m. degree
déjà, already
déjeuner, m. lunch
   petit déjeuner, m. break-
    fast
déjeuner, to have lunch
délicieux, -se, delicious
demain, tomorrow
demander, to ask
demi, -e, half
dents, f. teeth
depuis, since
   depuis deux ans, for two
    years
dernier, m. last
dernière, f. last
des, m. & f. (plural), of the,
   from the, some
descendait, got off, got down
descendit, got off, got down
descendre, to go down

désespérément, desperately
déshabiller, to undress
deux, two
deuxième, second
devant, in front of
dévoué,--e, devoted
dévouement, m. devotion
diagnostiquer, to diagnose
diamant, m. diamond
différence, f. difference
dimanche, m. Sunday
dîner, m. dinner
dîner, to dine
dire, to say, to tell
directeur, m. director
dis, said, told
disait, said told
discours, m. speech
disque, m. record
distraction, f. amusement
distribué, distributed
dit, says, said, tells, told
dites, say, tell
divisé, -e, divided
dix, ten
docteur, m. doctor
doigt, m. finger
dois,
   je dois, I have to
domestique, domestic, servant
donna, gave
donner, to give
dont, whose
dormez, sleep
dormir, to sleep

dors, sleep
dort, sleeps
d'où, from where
douche, f. shower
douloureuse, f. painful
doux, m. sweet, gentle
douze, twelve
drame, m. drama
droit, -e, right, straight
du, of the, from the
dur, -e, hard

E

eau, f. water
école, f. school
écouter, to listen
écrire, to write
édifice, m. building
effet
  en effet, in effect, indeed
église, f. church
électricité, f. electricity
électrique, electric
éléphant, m. elephant
élève, m. & f. pupil
élevé, -e, high
elle, she
elles, f. they
emballer, to wrap
émeraude, f. emerald
emploi du temps, schedule
employé, -e, employed, used
ému, -e, moved, with emotion
en, in, of
encore, yet, still, again

encre, f. ink
endormir, to go to sleep
énergie, f. energy
énervé, -e, enervated
enfant, m. & f., child
enfin, at last, finally
enlever, to take off, to take
  away
ennemi, m. enemy
énorme, enormous
entendant, hearing
entendre, to hear
entre, among, between
entrée, f. entrance
entrent, enter
entrer, to enter
enveloppa, wrapped
enveloppe, f. envelope
envie, f. desire, wish
  j'ai envie de, I'd like to
envoie, sends
envoyait, sent
envoyé, sent
envoyer, to send
épaule, f. shoulder
éperdu, -e, panicky
épicerie, f. grocery store
épicier, m. grocer
  chez l'épicier, at the grocery store
épinards, m. spinach
époque, f. epoch
est, is
est, m. east
est-ce que, is, is it that
et, and

établissement, *m.* establishment

étage, *m.* story, floor

était, was, had

état, *m.* state

   États-Unis, United States

été, *m.* summer

êtes, are

   êtes-vous, are you

étoile, *f.* star

étrange, strange

étranger, *m.* stranger, foreigner

être, *m.* being

être, to be

étudiant, *m.* student

étudier, to study

étudierai

   j'étudierai, I will study

évaporer, to evaporate

exactement, exactly

exagéré, -e, exaggerated

exalté, -e, exalted

examiner, to examine

excès, *m.* excess

exemple, *m.* example

   par exemple, for example

exquise, *f.* exquisite

F

fabrication, *f.* manufacture

fabrique, makes, manufactures

facile, easy

façon, *f.* way

facteur, *m.* postman

faible, feeble

faiblesse, *f.* feebleness

faire, to make, to do

faisait, made, did

fait, makes, does

   il fait chaud, it is hot

   il fait froid, it is cold

   tout à fait, completely, entirely

faites

   vous faites, you make, you do

famille, *f.* family

farine, *f.* flour

fatigué, -e, tired

faut,

   il faut, it is necessary

fauteuil, *m.* armchair

femme, *f.* woman, wife

femme de chambre, *f.* chambermaid

fenêtre, *f.* window

fer à repasser, *m.* iron

fermé, -e, closed

fermer, to close

fermier, *m.* farmer

feu, *m.* fire

février, February

ficelle, *f.* string

fidèle, faithful

fièvre, *f.* fever

figure, *f.* face

fil, *m.* thread

fille, *f.* daughter, girl

fils, *m.* son

fin, *f.* end

fin, -e, fine, delicate
finir, to finish
fixé, fixed
fleur, *f.* flower
fois, time, times
    une fois, one time, once
    trois fois, three times
fonctionnaire, *m.* government employee
força, forced
former, to form
fourchette, *f.* fork
fourneau, *m.* stove
français, French
frappa, hit
frère, *m.* brother
frire, to fry
fris, fry
frit, -e, fried
froid, -e, cold
froidement, coldly
fromage, *m.* cheese
front, *m.* forehead
frontière, *f.* border
fruit, *m.* fruit
fruitier, *m.* fruit vendor
fumer, to smoke
fut, was

G

gant, *m.* glove
garçon, *m.* boy, waiter
gâteau, -x, *m.* cake
gâterait, would spoil
gauche, *m.* & *f.* left

gaz, *m.* gas
généralement, generally
genoux, *m.* knees
genre, *m.* kind
gens, (*plural*), people
gentil, -le, nice (*referring to character*)
gentilhomme, *m.* nobleman
geste, *m.* gesture
gilet, *m.* vest
girafe, *f.* giraffe
glace, *f.* ice
glacière, *f.* refrigerator
goûter, *m.* tea-hour snack
graine, *f.* seed
grand, -e, tall, big, great
grandeur, *f.* size
grand'mère, *f.* grandmother
grand-père, *m.* grandfather
grenouille, *f.* frog
grillé, grilled, toasted
gris, -e, gray
gros, -se, fat
groupe, *m.* group
guérir, to cure
guérit, cures

H

habiller, to dress
habit, *m.* men's formal attire
habite, live, lives
hanche, *f.* hip
haricots, *m.* beans
heure, *f.* hour
heureuse, *f.* happy

hier, yesterday
  hier soir, last night
histoire, *f.* history, story
hiver, *m.* winter
homme, *m.* man
honneur, *m.* honor
hôpital, *m.* hospital
hôpitaux, *m.* hospitals
huile, *f.* oil
  huile d'olive, *f.* olive oil
huit, eight
humain, -e, human
humide, humid, damp
humidité *f.* humidity

I

idée, *f.* idea
il, he, it
  il y a, there is, there are
ils, *m.* they
imperméable, *m.* raincoat
inclina, bowed
indéfinissable, indefinable
indiquer, to indicate
infinitif, *m.* infinitive
infirmière, *f.* nurse
ingénieur, *m.* engineer
insensé, *m.* mad person
instrument, *m.* instrument
intelligent, -e, intelligent
intéressant, -e, interesting
interroger, to ask
invité, -e, guest, visitor
irrégulier, -ère, irregular
isolé, -e, isolated

J

jamais, never
jambe, *f.* leg
jambon, *m.* ham
janvier, January
jardin, *m.* garden
jaune, yellow
je, I
jeta, threw
jetant, throwing
jeudi, *m.* Thursday
jeune, young
joie, *f.* joy
joli, -e, pretty
jour, *m.* day
journée, *f.* day
jugeant, judging
juillet, July
juin, June
jupe, *f.* skirt
jurer, to swear
jus, *m.* juice
jusqu'à, until, up to
juste, exactly, just, sharp
  (*time*)

L

la, *f.* the, her
là, there
lac, *m.* lake
lait, *m.* milk
laitue, *f.* lettuce
lampe, *f.* lamp
langue, *f.* tongue, language

196

l'après-midi, *m.* & *f.* the afternoon
lard, *m.* lard
lavabo, *m.* washbasin
laver, to wash
lave-t-on, does one wash
l'avocat, *m.* the lawyer
le, *m.* the
leçon, *f.* lesson
légume, *m.* vegetable
lentement, slowly
les, *m.* & *f.* (*plural*) the, them
lettre, *f.* letter
leur, their
   them (*before a verb*)
leva, raised
   se leva, got up
levé, -e, raised
lever, to raise
   se lever, to get up
levez, raise
   vous vous levez, you get up
lèvres, *f.* lips
levure, *f.* yeast
lièvre, *m.* hare
limites, *f.* limits
limonade, *f.* lemonade
linge, *m.* linen, clothes
   linge propre, clean clothes
   linge sale, dirty clothes
l'ingénieur, *m.* the engineer
lion, *m.* lion
liquide, *m.* liquid
lis, read,
   je lis, I read
liste, *f.* list

lit, *m.* bed
livre, *m.* book
long, -ue, long
   le long, along
lui, him, to him, to her
lumière, *f.* light
lundi, *m.* Monday
lune, *f.* moon

M

ma, *f.* my
machine, *f.* machine
   machine à écrire, *f.* type-
   writer
maçon, *m.* mason
magasin, *m.* store
   grand magasin, *m.* depart-
   ment store
mai, May
maigre, thin
main, *f.* hand
maintenant, now, holding
maintenir, to maintain, to
   keep
mais, but
maïs, *m.* corn
maison, *f.* house
mal à la gorge, sore throat
mal à la tête, headache
malade, *f.* & *m.* a patient, a
   sick person
maladie, *f.* sickness
malfaiteur, *m.* malefactor,
   criminal
mange, eat
mangé, eaten

manger, to eat
mangez-vous, do you eat
manteau, *m*. overcoat
manuel, -le, manual
marchaient, walked, went
marchand, -e, shopkeeper,
vendor
  marchande de fleur, flower
  vendor
marchandise, *f*. merchandise
marché, *m*. market
  bon marché, cheap
marcher, to walk
mardi, *m*. Tuesday
mari, *m*. husband
marin, *m*. sailor
mars, March
Marseille
  savon de Marseille, *m*.
  laundry soap
masque, *m*. mask
matin, *m*. morning
mauvais, -e, bad, naughty
mécanicien, *m*. mechanic
méchant, -e, bad, naughty,
wicked
médecin, doctor
médicament, *m*. medicine
meilleur, better
melon, *m*. cantaloupe, melon
membre, *m*. member
même, same, even
  moi-même, myself
  vous-même, yourself
menacé, -e, menaced
menton, *m*. chin

menuisier, *m*. carpenter
mer, *f*. sea
merci, thank you
mercredi, *m*. Wednesday
mère, *f*. mother
met, puts
métal, *m*. metal
métaux, *m*. metals
métier, *m*. trade
mets, put, put on
mettez, put, put on
mettre, to put, to put on
meuble, *m*. furniture
midi, noon
minuit, midnight
modes, *m*. means
  modes de transport, means
  of transportation
modes, *f*. fashions
moi, me
mois, *m*. month
mon, *m*. my
monde, *m*. world
  tout le monde, everybody
monétaire, monetary
monsieur, *m*. sir, mister
montra, showed
montrant, showing
montre, *f*. watch
montrer, to show
morceau, *m*. piece
mort, -e, dead
mort, *f*. death
mortel, *m*. mortal
mot, *m*. word
mouche, *f*. fly

mouchoir, *m.* handkerchief
mouillé, -e, wet
mourut, died
moustache, *f.* mustache
moustique, *m.* mosquito
moutarde, *f.* mustard
mouvement, *m.* movement
muet, -te, mute
mur, *m.* wall
musée, *m.* museum
musique, *f.* music

N

nager, to swim
nappe, *f.* tablecloth
naturel, -le, natural
ne, no, not
   ne — pas, no, not
nécessaire, necessary
neige, *f.* snow
   il neige, it is snowing
n'est pas, is not
neuf, nine, new
neveu, -x, *m.* nephew
nez, *m.* nose
ni — ni, neither — nor
nièce, *f.* niece
noir, -e, black
nom, *m.* name
nommez, name
non, no
nord, *m.* north
nourriture, *f.* food
nous, we, us
nouveau, new
   de nouveau, anew, again

nouvelle, new
nouveaux, *m.* (*plural*) new
nouvelles, *f.* news
novembre, November
nuage, *m.* cloud
nuit, *f.* night
numéro, *m.* number

O

obéir, to obey
obéit, obeys
obèse, fat, obese
obésité, *f.* obesity
objet, *m.* object
obstinément, obstinately
occupant, occupying
occupe
   s'occupe de, takes care of
octobre, October
œil, *m.* eye
   yeux, (*plural*) eyes
œuf, *m.* egg
   œuf sur le plat, fried egg
oignon, *m.* onion
oiseau, *m.* bird
   oiseaux, (*plural*) birds
ombre, *f.* shadow
on, one
oncle, *m.* uncle
onde, *f.* wave
   ondes courtes, short wave
ont, have
onze, eleven
opérer, to operate
or, *m.* gold
orange, *f.* orange

orangeade, f. orangeade
ordonna, ordered
ordre, m. order, command
oreille, f. ear
ornement, m. ornament
orteil, m. toe
ou, or
où, where
ouest, m. west
oui, yes
ouvert, -e, open
ouvrait, opened
ouvrez, open
ouvrier, m. workman
ouvrir, to open
ouvrit, opened

P

pain, m. bread
  pain grillé, m. toast
paire, f. pair
pâle, pale
panier, m. basket
pantalon, m. trousers
papier, m. paper
paquet, m. package
par, by, in a, through
parapluie, m. umbrella
parc, m. park
parce que, because
pardessus, m. overcoat
pardonnez, forgive
parent, -e, parent
parfaitement, perfectly
parfois, sometimes
parfum, m. perfume

parle, talk, speak
parlé, talked, spoke
parler, to talk, to speak
parlez-vous, do you talk, do
  you speak
partie, f. part
partir, to leave
partit, left
parut, appeared
pas, no, not
  ne . . . pas, no, not
passager, m. passenger
passé, past
passeport, m. passport
passer, to pass, to spend
  (time)
  se passer, to happen
  ce qui se passe, what is hap-
    pening
pâte, f. paste
  pâte dentifrice, f. tooth-
    paste
pauvre, poor
payé, paid
payer, to pay
pays, m. country
pêche, f. peach
peigner, to comb
peignoir, m. dressing gown,
  robe
peint, paints
peintre, m. painter
peinture, f. paint
pendant, during, while
pensa, thought
penser, to think

perdu, -e, lost

père, *m.* father

perle, *f.* pearl

personne, *f.* person, nobody

personnel, -le, personal

petit, -e, small

peu, a little, few

  peu à peu, little by little

peur, *f.* fear

peut-être, perhaps, maybe

pharmacie, *f.* drugstore

photographe, *m.* photographer

photographie, *f.* photograph

phrase, *f.* sentence

piano, *m.* piano

pièce, *f.* piece

  pièce de théâtre, *f.* play

pied, *m.* foot

pierre, *f.* stone

pipe, *f.* pipe

plaisir, *m.* pleasure

planche à repasser, *f.* ironing board

plancher, *m.* floor

plante, *f.* plant

planter, to plant

plat, *m.* dish

  œuf sur le plat, fried egg

plein, -e, full

pleurer, to cry

pleut, rains

  il pleut, it's raining

pluie, *f.* rain

plume, *f.* pen, feather

pluriel, *m.* plural

plus, more

  le plus, the most

plusieurs, several, many

pneumonie, *f.* pneumonia

poche, *f.* pocket

poêle à frire, *f.* frying pan

poésie, *f.* poetry

poignet, *m.* wrist

poil, *m.* hair

poire, *f.* pear

pois,

  petit pois, *m.* peas

poisson, *m.* fish

poivre, *m.* pepper

politique, *f.* politics

politique, political

pomme, *f.* apple

  pomme de terre, *f.* potato

populaire, popular

port, *m.* port

porte, *f.* door

portées, worn, carried

porter, to wear, to carry

poste, *f.* post office

pot, *m.* jar

poule, *f.* hen

poulet, *m.* chicken

poumon, *m.* lung

pour, for

pourboire, *m.* tip

pourquoi, why

pouvait, could

précieux, -se, precious

précipiter

  se précipiter, to jump, to rush

préférer, to prefer
premier, *m*. first
première, *f*. first
prend, takes
prendre, to take
prends, take
prenez-vous, do you take
prennent, take
préparer, to prepare
prescription, *f*. prescription
pressé, in a hurry
prêt, -e, ready
preuve, *f*. proof
prévint, warned
principaux, (*plural*) principal
printemps, *m*. spring
pris, took
prison, *f*. prison
prit, took
privé, -e, private
priver, to deprive
prix, *m*. price
probablement, probably
prochain, -e, next
produire, to produce
produisent, produce
produit, *m*. product
professeur, *m*. professor
programme, *m*. program
promenade, *f*. walk
promener,
　se promener, to go for a walk
promesse, *f*. promise
prononçer, to pronounce

propre, clean
propreté, *f*. cleanliness
propriété, *f*. property
proteger, to protect
prouver, to prove
puis, then
purée de pommes de terre, *f*. mashed potatoes

Q

quadrupède, quadruped
qualité, *f*. quality
quand, when
quant à, as for
quarante, forty
quart, *m*. quarter
quatre, four
quatre-vingt, eighty
quatrième, fourth
que, whom, which, that, what
quel, -le, (*singular*), which, what
　à quelle heure, at what time
quelques, some, few
quelquefois, sometimes
quels, -lles, (*plural*), which, what
qu'est-ce que, what is (*what is it that*)
qui, who, whom
quinze, fifteen
quitta, left
quitter, to leave
quoi, what

R

raconta, told, related
raconter, to tell, to relate
radis, *m*. radish
raisins, *m*. grapes
ramasser, to pick up
rapidement, rapidly
rat, *m*. rat
recevais, received
recevez, receive
recevoir, to receive
reçois, receive
reçoit, receives
reçu, received
referma, closed again
réfléchi, reflexive
réfléchit, thought
refusait, refused
regarda, looked at
regardait, looked at
regardant, looking at, watching
régulier, -ère, regular
régulièrement, regularly
relation, *f*. relation, relationship
remerciement, *m*. thanks
remis, given
remplace, replace
rencontraient, met
rencontre, meets
rend, renders
rentrer, to return
repartit, left again
repas, *m*. meal

repasser, to iron
repasse-t-elle, does she iron
répondit, answered
répondre, to answer
repos, *m*. rest
reposer, to rest
reprendre, to take back, to continue
reprit, took back, continued
respiration, *f*. breathing
respirer, to breathe
reste, stay, remain
rester, to stay, to remain
restèrent, stayed, remained
restions, stayed, remained
retirer, to take away
retourner, to return, to turn
retournera, will return, will turn
réveille-matin, *m*. alarm clock
réveiller, to wake up
revenait, returned, came back
rhume, *m*. a cold
riche, rich
rideau, *m*. curtain
rideaux, *m*. curtains
rien, nothing
rivière, *f*. river
riz, *m*. rice
robe, *f*. dress
romantique, romantic
rompre, to break
rose, *f*. rose
roti, -e, roasted

roue, *f.* wheel
rouge, *m.* & *f.* red
rougir, to blush
rubis, *m.* ruby
rue, *f.* street
russe, Russian
Russie, *f.* Russia

S

sa, *f.* his, her
sac, *m.* bag
sais, know
saisir, to seize, to grasp
saisit, seized, grasped
saison, *f.* season
salade, *f.* salad, lettuce
salaire, *m.* salary
sale, dirty, soiled
salé, -e, salty
salle à manger, *f.* dining room
salle de bain, *f.* bathroom
salon, *m.* living room
salut, *m.* greeting
samedi, *m.* Saturday
s'amuser, to amuse or enjoy oneself, to have a good time
sang, *m.* blood
sans, without
santé, *f.* health
s'asseoir, to sit down
saturé, -e, saturated
sauter, to jump
sauvage, wild, savage
sauvé, -e, saved

savait, knew
savez, know
savez-vous, do you know
savoir, to know
savon, *m.* soap
savon de Marseille, *m.* laundry soap
sec, *m.* dry
sécher, to dry
second, -e, second
seconde, *f.* a second
séduisant, -e, seductive
sel, *m.* salt
semaine, *f.* week
semble, seems
sens, feel, smell
sens, *m.* meaning
sentait, felt, smelled
sentant, feeling, smelling
sentez, feel, smell
sentir, to feel, to smell
sept, seven
septembre, September
serons, will be, shall be
sert, serves, is used for
servent, serve, are used for
serviette, *f.* towel, napkin
servir, to serve, to be used for
serviteur, *m.* servant
ses, *m.* & *f.* (*plural*), his, hers
seul, -e, alone
seulement, only
si, if, whether, so
siffla, whistled
signifie, means
singe, *m.* monkey

six, six
sixième, sixth
s'occupe de, takes care of
sœur, *f*. sister
soie, *m*. silk
soir, *m*. evening
soirée, *f*. evening
soit, be, is
soixante, sixty
soixante-dix, seventy
soleil, *m*. sun
solide, *m*. solid
somme, *f*. sum
sommeil, *m*. sleep
  j'ai sommeil, I am sleepy
son, *m*. sound
son, his, her
sont, are, they are
sors, go out
sortir, to go out
sortit, went out
sou, *m*. five cents, five centimes
soudain, suddenly
souffle, *m*. gust
souffler, to blow
sourire, *m*. smile
sous, under
souvent, often
spéciaux, (*plural*) special
splendide, splendid
sucre, *m*. sugar
sucré, -e, sweet
sucrier, *m*. sugar bowl
sud, *m*. south
suffisant, sufficient

suis, am
  je suis, I am
suit, follows
sûr, on, sure, certain
surprenant, -e, surprising
surprendre, to surprise
surpris, -e, surprised
surtout, above all, especially

T

tabac, *m*. tobacco
table, *f*. table
tâchait, tried
tandis que, while
tant, so many, so much
tante, *f*. aunt
tapis, *m*. carpet, rug
tasse, *f*. cup
technique, technical
tel, -le, such
  tel que, such as
temps, *m*. time, weather
  de temps en temps, from
    time to time
tendre, tender
tenir, to hold
termina, finished
terre, *f*. earth, land
terreur, *f*. terror
tête, *f*. head
tête à tête, two persons alone
thé, *m*. tea
théâtre, *m*. theater
théière, *f*. teapot
thermomètre, *m*. thermome-
  ter

tigre, *m.* tiger
timbre, *m.* stamp
toi, you (*familiar*)
toit, *m.* roof
tomate, *f.* tomato
tomba, fell
tombe, falls
ton, your
tortue, *f.* turtle
toujours, all the time, always
tous, *m.* (*plural*) all, every
tousse, cough
tout, *m.* all, every
   tout le monde, everybody
   tout à fait, completely, entirely
   tout à coup, suddenly
toutes, *f.* (*plural*) all, every
train, *m.* train
tramway, *m.* tramway, streetcar
transparent, -e, transparent
travail, *m.* work
travailler, to work
travaillez, work
   travaillez-vous, do you work
tremblant, -e, trembling
trente, thirty
très, very
triste, sad
trois, three
troisième, third
trop, too much, too many
trottoir, *m.* sidewalk

T.S.F., *f.* radio
   abbreviation of Télégraphie sans fil
tu, you (*familiar*)
tuer, to kill
tulipe, *f.* tulip
tut, stopped talking

U

un, *m.* a, an, one
une, *f.* a, an
unit, unites, connects
unité, *f.* unit, unity
université, *f.* university
usage, *m.* use
utiliser, to use, to utilize

V

va, goes
vacances, *f.* vacation
vache, *f.* cow
vais, go
   je vais, I go
vaisselle, *f.* dishes
vapeur, *f.* vapor, steam
varier, to vary
veau, *m.* veal
véhicule, *m.* vehicle
venait, came
vend, sells
vendeur, *m.* clerk
vendeuse, *f.* clerk, salesgirl
vendre, to sell
vendredi, *m.* Friday
venir, to come

206

vent, *m.* wind
venu, -e, come
verbe, *m.* verb
verre, *m.* glass
vers, towards
vert, -e, green
veste, *f.* jacket, coat
vêtement, -s, *m.* clothes
veux, want
viande, *f.* meat
vida, emptied
vie, *f.* life
viendras, will come
viens, come
    je viens de + infinitive —
    I have just . . .
vieux, *m.* old
village, *m.* village
ville, *f.* city
vingt, twenty
vint, came
violette, *f.* violet
vis, saw
visage, *m.* face
visitèrent, visited
vit, saw

vitamine, *f.* vitamin
vite, fast
vitesse, *f.* speed
vivre, to live
voici, here
voilà, there
voile, *f.* sail
voir, to see
voix, *f.* voice
voler, to rob, to steal
vont, go
vos, (*plural*) your
votre, your
voudrais, would like to
voulait, wanted
voulez-vous, would you like
vous, you (*sing. and plural*)
voyage, *m.* travel, trip
voyager, to travel
voyageur, *m.* traveler
voyait, saw
vu, -e, seen

Y

y a-t-il, is there, are there
yeux, *m.* (*plural*) eyes